教育勅語の何が問題か

教育史学会 編

まえがき　米田俊彦…2
第一章　教育勅語の構造と解釈　高橋陽一…7
コラム1　教育勅語ができるまで
第二章　不敬と殉職——学校で何が起こっていたのか——　小股憲明…28
コラム2　教育勅語渙発五〇周年記念切手
第三章　教育勅語と植民地支配　樋浦郷子…46
コラム3　植民地の「御真影」
あとがき　米田俊彦…62
参考文献
資料1　教育勅語に関する戦後の国会決議
資料2　「教育ニ関スル勅語」(教育勅語)の教材使用に関する声明

岩波ブックレット No. 974

まえがき

米田俊彦

政府は、二〇一七年三月三一日の閣議決定による、議員から提出された質問主意書に対する答弁書において、「憲法や教育基本法に反しないような形で教育に関する勅語を教材として用いることまでは否定されることではない」との見解を表明しました。

そもそも「教育ニ関スル勅語」(以下「教育勅語」)は、一九四八年六月の衆議院の「教育勅語等排除に関する決議」、参議院の「教育勅語等の失効確認に関する決議」によって回収、焼却されて公的な世界から排除されました。「さきに日本国憲法の人類普遍の原理に則り、教育基本法を制定」した「結果として、教育勅語は(中略)既に廃止せられその効力を失っている」(参議院の決議)をどのように読めば、教材として使用可能であるとの論理が成り立つのでしょうか。教育勅語が戦前の日本の教育を大きく歪めた事実を、これまで研究者がさまざまな観点から明らかにしてきました。教育勅語が学校教育の現場で、(歴史の事実を明らかにするための史料以外の)教材として使用されるべきものではないことは、本来ならば、今さら議論する余地はありません。

政府の新しい方針は歴史の修正と考えざるを得ません。歴史が修正されようとしている時に教育の歴史研究を担っている学会が黙っていたら、結果として閣議決定の内容が学問的に容認されたことになってしまいます。

私ども教育史学会は、一九五六年に創立され、現在約八五〇人の研究者が参加しています。教育学研究の基礎的な領域を担う分野ということもあり、これまで学会として現実の政治や行政の行為に対して発言したことはありませんでした。しかし、今、教育勅語についての政府の新しい姿勢を日の前にして、学会としての社会的責任を果たすため、理事会の総意をもって、これまでの教育史研究が明らかにしてきた教育勅語にかかわる歴史的な事実の概要を学術的な立場から声明として発表することとしました。

声明は、五月八日に教育史学会のホームページに掲出し、同日中に、内閣官房長官、文部科学大臣および都道府県・政令指定市教育委員会教育長宛てに郵送しました。声明文は本書の末尾に掲載していますが、大まかに、以下の三つのポイントにまとめられます。

一、教育勅語が、過去と現在と未来にわたる天皇と国民の道徳的な一体性という仮想を「国体」という言葉で表現し、そこに教育の淵源を求めている文書であり、そもそも日本国憲法や教育基本法とは根本から矛盾する。

二、教育勅語は、修身科教育の基本方針とされ、教材とされたうえ、勅語の「奉読」、筆写・暗唱暗写などを通じてその徹底が図られた。様々な儀式には、御真影（天皇・皇后の写真）への「拝礼」や「君が代」斉唱が盛り込まれ、そこで用いられるモノ（御真影・教育勅語謄本）は、児童生徒や教員の生命よりも優先されるほど重要なものとされた。

三、教育勅語が、民族的優越性の「根拠」とされるとともに、異民族支配の道具としても用いられた。

さらに、教育史学会理事会は、右の声明の趣旨をていねいに報告する機会として、シンポジウムを企画しました。シンポジウムは六月一〇日にお茶の水女子大学を会場として開催されました。

本書は、このシンポジウムでの報告や討議の成果をもとにしています。多様な見解をもつ研究者の最大公約数的な見解とご理解いただければと思います。

各章の論述に入る前に、教育勅語の何が問題なのかを考えるにあたって前提となる、基本的な事項について触れておきます。

教育勅語は、一八九〇(明治二三)年一〇月三〇日に、宮中で明治天皇が山県有朋《やまがたありとも》首相と芳川顕正《よしかわあきまさ》文相に与え、翌日文部省訓令によって周知されるという形で出されました。タイトルは付いていませんが、訓令やその後の法令で「教育ニ関スル勅語」と表記されたことから、「教育ニ関スル勅語」という名称で定着しました。大臣の副署がなく、明治天皇の署名と押印のみの文書ですので、君主による社会的発言と理解されます。教育にかかわる勅語はその後いくつか出されましたが、この一八九〇年のものが「教育ニ関スル勅語」あるいは「教育勅語」という固有名詞を付与され、高い位置づけを獲得していきました。

教育勅語は、しばしば「御真影」とセットで語られます。御真影は学校側の申請によって、当初は施設の整った特定の学校にしか「下賜」(御真影についてはこのように表記しました)されませんでしたが、徐々に対象が拡大され、一九三〇年代には逆にほとんどの学校に下賜され、むしろ下賜を申請しないことが問題とされました。それに対して、教育勅語の場合は最初からすべての公的な学校に下付されました。臣民が共有すべき教説とされていたのです。

教育勅語は法令ではなく、一般の学校には「謄本」と呼ばれた、天皇の署名捺印を省略した印刷物として下付されていました。法令でなかったゆえに印刷した紙そのものが御真影とともに異常なまでに尊重され、神聖視されることになりました。しかし一方で、教育勅語の文言が法令に直接に書き込まれることにより、法的な拘束力をも与えられました。具体的には次のとおりです。

第一に、一八九一年の「小学校祝日大祭日儀式規程」（文部省令）において教育勅語や御真影を用いる形で紀元節等における学校儀式の次第が定められました。この規定は一九〇〇年の小学校令施行規則に継承され、これが長く三大節（神武天皇即位日である紀元節、天皇誕生日である天長節、一月一日の皇室の儀式である四方拝。一九二七年から明治天皇の誕生日である明治節が加わって四大節）の儀式の基本となりました。左のとおりです（「御影」は御真影のことで、「／」は改行を示します）。

一　職員及児童「君カ代」ヲ合唱ス
二　職員及児童ハ／天皇陛下／皇后陛下ノ**御影**ニ対シ奉リ最敬礼ヲ行フ
三　学校長ハ**教育ニ関スル勅語**ヲ奉読ス
四　学校長ハ**教育ニ関スル勅語**ニ基キ聖旨ノ在ル所ヲ誨告ス
五　職員及児童ハ其ノ祝日ニ相当スル唱歌ヲ合唱ス

第二に、一八九一年の「小学校教則大綱」（文部省令）において、小学校の道徳教育の方針が教育勅語の文言を含んで定められました。これも一九〇〇年の「小学校令施行規則」に継承され、「修身ハ教育ニ関スル勅語ノ旨趣ニ基キテ児童ノ徳性ヲ涵養シ道徳ノ実践ヲ指導スルヲ以テ要旨トス」（教育勅語に基づいて子どもの徳性を育て、道徳の実践を導く）が長く修身教育を規定しました。

これらの規定は一九四一年の「国民学校令施行規則」に継承されました。また修身に関して教育勅語の文言を含んだ同様の規定は中学校等の法令にも盛り込まれていました。

第三に、植民地の朝鮮では一九一一年の朝鮮教育令、台湾では一九一九年の台湾教育令において、教育勅語によって朝鮮・台湾の人々を「忠良ナル国民」にするという方針が勅令(現在の政令に相当)で明示されていました。詳しくは第三章をご参照ください。

そして第四に、教育勅語の「斯ノ道」が一九四一年の国民学校令から順次、大学と青年学校を除く各学校の根本法令の第一条に「皇国ノ道」という表現で盛り込まれました。たとえば、国民学校令の第一条には「国民学校ハ皇国ノ道ニ則リテ初等普通教育ヲ施シ国民ノ基礎的錬成ヲ為スヲ以テ目的トス」(傍線は引用者)とありました。傍線部を接合した「皇国民錬成」が戦時下の教育のスローガンとなりました。

この国民学校令の規定を受けて、国民学校令施行規則の第一条第一項に「教育ニ関スル勅語ノ旨趣ヲ奉体シテ教育ノ全般ニ亙リ皇国ノ道ヲ修練セシメ特ニ国体ニ対スル信念ヲ深カラシムベシ」という規定が盛り込まれました。道徳教育の規定にも「皇国ノ道義的使命ヲ自覚セシムル」という文言が加えられました。多くのアジア各地の人々の生命財産を奪い、日本自体を破滅に導いた無謀な戦争が、「皇国ノ道義的使命」とされたことは言うまでもありません。

教育勅語が戦前の日本とその海外の支配地域の教育を大きく歪めたという歴史的な事実があって、それを総括、清算するものとして国会決議がなされました。この歴史的な経緯が重要です。では、教育勅語の何がどのように問題だったのか、以下の各章を通じて確認したいと思います。

第一章　教育勅語の構造と解釈

高橋陽一

はじめに

二〇一七年春の教育勅語論

二〇一七（平成二九）年春の教育勅語への注目は、学校法人森友学園への国有地売却の疑惑を報じた二月九日の『朝日新聞』の記事から始まりました。新聞各紙も続報し、森友学園が設置する幼稚園における教育勅語の暗唱へと論点が広がりました。国会審議でも、二月二三日の衆議院予算委員会で「教育勅語の中の親孝行とかは良い面だと思う」という閣僚の答弁が続き、教育勅語の暗唱などを容認すると受け止められました。そして三月三一日に安倍晋三内閣が閣議決定した答弁書において「憲法や教育基本法（平成十八年法律第百二十号）等に反しないような形で教育に関する勅語を教材として用いることまでは否定されることではないと考えている」と回答したことに注目が集まりました。

閣議決定がなされた三月三一日は、新しい幼稚園教育要領、小学校学習指導要領、中学校学習指導要領が告示される日と重なります。小学校では二〇一八年度から、中学校では二〇一九年度から実施する特別の教科である道徳（「特別の教科　道徳」「道徳科」とも言う）については、その教科書検定の結果も三月に発表されましたが、教科書に登場したパン屋が検定意見を経て和菓子屋に変更になるといった例が報道されました。

四月にも国会審議や報道で教育勅語が注目を集めて、国会議員の質問主意書に対する答弁書が数多く提出されました。教育勅語を教材とする基準については、四月一四日答弁書で「国民主権等の憲法の基本理念や教育基本法の定める教育の目的等に反しないような適切な配慮がなされているか等の様々な事情を総合的に考慮して判断されるべきものである」と記されました。

この答弁書は、今日の学校教育を規定する日本国憲法、教育基本法という上位法令との整合性を意識し、その基本理念を「国民主権等」とまとめた点では常識的な解釈とも言えますが、三月三一日答弁書の「教材として用いることまでは否定されることではない」という教育勅語を肯定したニュアンスは否定されず、新たに特別の教科である道徳などの教材に教育勅語が用いられるのではないかといった危惧が広がりました。

普遍的な道徳か、教え込んでよいのか

その後は沈静化したかにみえる教育勅語をめぐる議論ですが、今後の教育のためには、冷静に論点を整理して歴史的視点から考えておく必要があります。

第一の論点は、閣議決定の答弁書でも示されたことですが、教育勅語そのものが国民主権等に「反しない」ことがありうるのかという問いです。教育勅語には「良いことが書かれている」「普遍的な徳目がある」という主張が聞かれます。この主張は、教育勅語本文に「之ヲ古今ニ通シテ謬ラス之ヲ中外ニ施シテ悖ラス」と明記されています。つまり、教育勅語に記された道徳は、現

在も過去も、国内でも国外でも、普遍的に通用すると言うわけです。ここまで自画自賛したために、本当に通用するかが戦前の教育勅語解釈のなかの難題となっていきます。こうした歴史を確認して、教育勅語が力を持った時代にどう解釈されていたかを読み解く必要があります。

第二の論点は、幼稚園の幼児や小学校の児童等に教育勅語を暗唱させることが今日の教育のあり方として適切かという問いです。今日の道徳教育では、主体性や異なる価値観の対話を重んじて深く学ぶことが大切にされ、新しい特別の教科である道徳でも、アクティブ・ラーニングの眼目とされています。これからの教育のなかで、教育者や教育を支える全ての市民がどのような視点で考えていくべきなのかも大切な論点です。

1　教育勅語を読む

教育勅語本文と解説

一八九〇(明治二三)年一〇月三〇日に明治天皇の名をもって教育勅語が出されると、自筆署名と捺印のあるものが、帝国大学をはじめとした直轄学校に渡されました。東京大学所蔵の教育勅語がそれです。また政府の新聞である『官報』に署名捺印を「御名御璽《ぎょめいぎょじ》」に直したものが公示されて、学校儀式で用いる教育勅語謄本や修身教科書はこの形式で印刷されています。ここでは帝国大学に渡された教育勅語の本文を一文ごとに区切って句読点を打ち、簡単に現代語訳を示します。ふりがなは修身教科書の読み方をもとに、現代語の発音に準じて濁点など付けてふりました。

朕惟フニ《ちんおもうに》、我カ《わが》皇祖《こうそ》皇宗《こうそう》、国ヲ《くにを》肇ムルコト《はじむること》宏遠ニ《こうえんに》、徳ヲ《とくを》樹ツルコト《たつること》深厚ナリ《しんこうなり》。

（天皇である私が思うのは、私の祖先である神々や歴代天皇が、この国を始めたのは宏遠なことであり、道徳を樹立したのは深厚なことである）

「朕」は秦の始皇帝以後は国王のみがもちいる一人称です。天皇の祖先の神々と歴代天皇による道徳の樹立を宣言する冒頭の一文です。後に述べる「聖訓ノ述義ニ関スル協議会報告」では、「朕惟フニ」は全体に係るので、この箇所で句点(。)では切らないという解釈になっています。

我カ《わが》臣民《しんみん》、克ク《よく》忠ニ《ちゅうに》克ク《よく》孝ニ《こうに》、億兆《おくちょう》心ヲ《こころを》一ニシテ《いつにして》、世世《よよ》厥ノ《その》美ヲ《びを》済セルハ《なせるは》、此レ《これ》我カ《わが》国体ノ《こくたいの》精《せい》華ニシテ《かにして》、教育ノ《きょういくの》淵源《えんげん》亦《また》実ニ《じつに》此ニ《ここに》存ス《そんす》。

（我が臣民は、よく忠にはげみ、よく孝にはげみ、皆が心を一つにして、代々その美風をつくりあげてきたことは、これは我が国体の華々しいところであり、教育の根源もまた実にここにあるのだ）

「臣民」は大日本帝国憲法での国民、天皇の家臣としての国民を意味する言葉です。臣民が忠孝に尽くしてきたことが「国体ノ精華」で「教育ノ淵源」だという文章です。「世世」は『官報』では「世々」と印刷されたので、現在までそう書いたテキストが一般的です。冒頭の皇室の祖先神と同様に、現実の歴史ではなく、みんなが心を一つにした理想世界が想定されています。

爾《なんじ》臣民《しんみん》、父母ニ《ふぼに》孝ニ《こうに》、兄弟ニ《けいていに》友ニ《ゆうに》、夫婦《ふうふ》相和シ《あいわし》、朋友相信シ《ほうゆうあいしんじ》、恭倹己レヲ持シ《きょうけんおのれをじし》、博愛衆ニ《はくあいしゅうに》及ホ《およぼ》シ《し》、学ヲ《がくを》修メ《おさめ》業ヲ《ぎょうを》習ヒ《ならい》、以テ《もって》智能ヲ《ちのうを》啓発シ《けいはつし》徳器ヲ《とっきを》成就シ《じょうじゅし》、進テ《すすんで》公益ヲ《こうえきを》広メ《ひろめ》世務ヲ《せいむを》開キ《ひらき》、常ニ《つねに》国《こっ》憲ヲ《けんを》重シ《おもんじ》国法ニ《こくほうに》遵ヒ《したがい》、一旦緩急アレハ《いったんかんきゅうあれば》義勇公ニ《ぎゆうこうに》奉シ《ほうじ》、以テ《もって》天壌無窮ノ《てんじょうむきゅうの》皇運ヲ《こううんを》扶翼スヘシ《ふよくすべし》。

（汝《なんじ》ら臣民は、父母に孝行をつくし、兄弟姉妹は仲良く、夫婦は仲むつまじく、友人は互いに信じあい、恭《うやうや》しく己を保ち、博愛をみんなに施し、学問を修め実業を習い、そうして知能を発達させ道徳性を完成させ、更に進んでは公共の利益を広めて世の中の事業を興し、常に国の憲法を尊重して国の法律に従い、非常事態のときには大義に勇気をふるって国家につくし、そうして天と地とともに無限に続く皇室の運命を翼賛すべきである）

天皇から臣民に実行するべき徳目を明示した箇所です。臣民の祖先が儒教の徳目である「忠孝」に尽くしたと一つ前の文にありましたが、江戸時代までに日本に定着した儒教の五倫（父子の親、君臣の義、夫婦の別、長幼の序、朋友の信）と五常（仁、義、礼、智、信）を前提にしつつ、表現をすこし変えて記しています。そして明治維新後に普及する西洋市民社会の道徳として、博愛などの徳目を明示します。前年に大日本帝国憲法が出されているので「国憲」と記すわけです。「一旦緩急アレバ」は平安期の日本語を基準とする古典文法では已然形で「ひとたび危急の事態があるので」と変な日本語になります。本来は、未然形の「アラバ」と書いて仮定を意味するべきですが、教育勅語では、平安文法が崩れた漢文訓読調特有の書き癖（レバ則）により、現代文法の仮定形と同じ已然形になります。この点は真面目な学校の先生を悩ませることになり、第二章でみるように不敬事件の原因にもなりました。『聖訓ノ述義ニ関スル協議会報告』では「アレハ」は「あつたときには」の意だと確認をします。ここまでの徳目を全てまとめるのが「以テ天壌無窮ノ皇運ヲ扶翼スヘシ」、皇室の運命が永遠に続くように守らなければならないという最後の文言です。これは『日本書紀』にある神話で、天照大神が天皇の祖先となる瓊瓊《にに》杵尊《ぎのみこと》を地上の支配者として高天原から天下りさせるときに発した天壌無窮の神勅を根拠とします。

是ノ《かくの》如キ《ごとき》ハ《は》、独リ《ひとり》朕カ《ちんが》忠良ノ《ちゅうりょうの》臣民タルノミナラス《しんみんたるのみならず》、又以テ《またもって》爾祖先ノ《なんじそせんの》遺風ヲ《いふうを》顕彰スルニ《けんしょうするに》足ラン《たらん》。

（こうしたことは、ただ天皇である私の忠実で順良な臣民であるだけではなく、またそうして汝らの祖先の遺《のこ》した美風を顕彰することにもなるであろう）

ここまでが形式段落の第一段落です。過去においても臣民の祖先は忠孝に尽くしたので、現在の臣民がここに示した徳目を守る忠誠を示せば、祖先に対する孝にもなるということです。

斯ノ《この》道ハ《みちは》、実ニ《じつに》我カ《わが》皇祖《こうそ》皇宗ノ《こうそうの》遺訓ニシテ《いくんにして》、子孫臣民ノ《しそんしんみんの》倶ニ《ともに》遵守スヘキ《じゅんしゅすべき》所《ところ》、之ヲ《これを》古今ニ《ここんに》通シテ《つうじて》謬ラス《あやまらず》、之ヲ《これを》中外ニ《ちゅうがいに》施シテ《ほどこして》悖ラス《もとらず》。

（ここに示した道徳は、実に私の祖先である神々や歴代天皇の遺した教訓であり、皇孫も臣民もともに守り従うべきところであり、これを現在と過去を通して誤謬《ごびゅう》はなく、これを国の内外に適用しても間違いはない）

形式段落第二段冒頭の「斯ノ道」は前段落の徳目などを受けて将来の天皇の子孫も臣民の子孫も守っていくというものであり、それが古今にも国の中外にも通用するということです。「斯ノ道」に含まれる徳目には、「皇運扶翼」、つまり日本の天皇・皇室への奉仕が含まれることになります。皇室への奉仕が「中外」、つまり国内のみならず国外にも通用する道徳であるという奇妙な文言は、当時も疑問があり、戦前戦中も議論されたことは後で述べます。

朕《ちん》爾《なんじ》臣民ト《しんみんと》倶ニ《ともに》拳拳服膺シテ《けんけんふくようして》、咸其徳ヲ《みなそのとくを》一ニ《いつに》センコトヲ《せんことを》庶幾フ《こいねがう》。

（天皇である私は、汝ら臣民とともにしっかりと体得して、みんなでその道徳を一つにすることを期待するものである）

明治天皇と現在の臣民が教育勅語を守るという呼びかけです。「拳拳」は『官報』では「拳々」と書かれました。

明治二十三年十月三十日
睦仁《むつひと》（御名《ぎょめい》）　天皇御璽《てんのうぎょじ》（御璽《ぎょじ》）

『官報』では「御名御璽」という、戦後も印刷物で使われる、天皇の実名と捺印があることを示す表現となっています。以上が、本文ですので、児童生徒が教育勅語の暗唱や、さらに全文を見ずに復元する暗写を行うときは、ここまでが対象になります。学校儀式で校長が読み上げるときも「ぎょめいぎょじ」とここまでを読み上げます。

2　教育勅語の解釈

初等教育と中等高等教育の違い

教育勅語が戦前戦中の日本人にどんな影響を与えたのかを知るには、誰もが同一の情報にアクセスして判断することが原則である現在とは異なる教育のシステムを知っておく必要があります。学校教育は、多くの男女が就学した初等教育（尋常小学校、高等小学校、一九四一年からの国民学校など）と、進学者が限られた中等教育（中学校、高等女学校、実業学校など）や高等教育（高等学校、専門学校、大学など）では、規模も内容も異なります。今日では日本国憲法で教育の機会均等や学問の自由が保障され、学習も研究も憲法が保障するすべての人の権利です。しかし、大日本帝国憲法にはそうした権利は記されておらず、尋常小学校などの初等教育は義務教育として普及していき

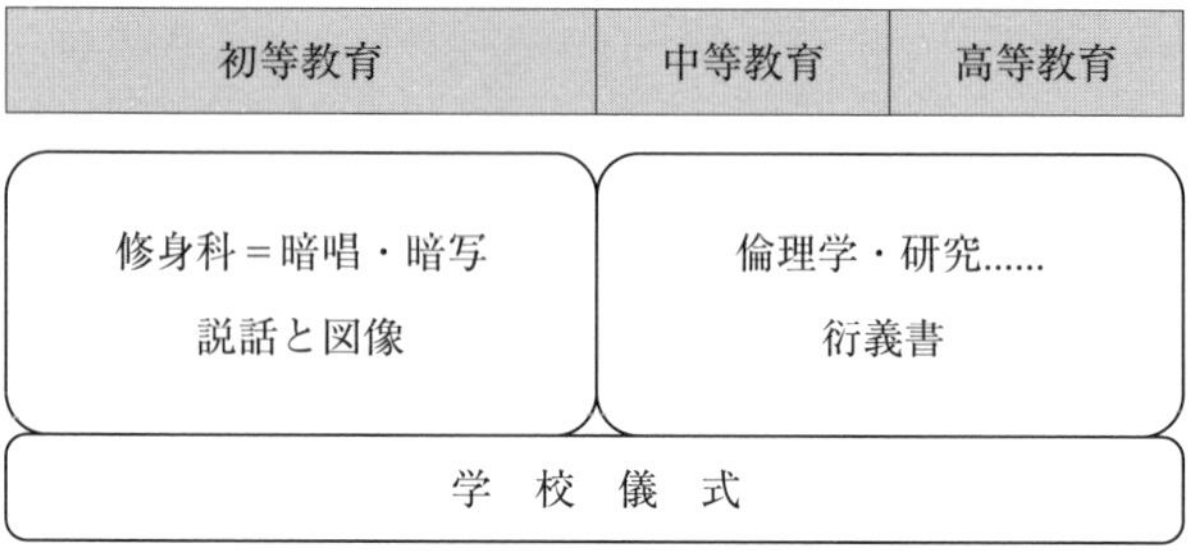

図1　教育勅語と各段階の教育

ますが、中等教育や高等教育は地域や国家の指導者のための教育と考えられていました。こうした教育の機会の不均等は教育の内容にも及んでおり、大学などでは自由に学問上の真理を研究しても、初等教育で学ぶ教育内容とは区別されます。教育勅語に登場する神々は、大学では文学、歴史学、考古学などの研究テーマですが、尋常小学校では疑う余地のない事実として教え込まれるわけです。こうした状態を「学問と教育の分離」と言い、教育勅語に先だつ森有礼《ありのり》文部大臣の時期に形成されていたと考えられます。もちろん教育において、子どもの発達段階に応じて、大人とは異なる教育内容が工夫されることは今日も同じです。しかし教育勅語の時代には、学問上の真理と子どもへの教育内容が別のものとして考えられ、高度の教育を受けた指導層が知っている事実に、小学校教育のみ受けた民衆がアクセスできないという分離がみられた時代なのです。

図1で示すように、学校儀式における教育勅語の活用はすべての学校段階で行われます。初等教育で、今日の「道徳の時間」にあたる修身科は最も重要な筆頭教科で段階別の成績評価の対象でした。尋常小学校では、教育勅語の徳目にちなんだ絵画を大きく印刷した掛図をみたり、説話の載った修身科教科書を読んだりします。そして学校儀式に参加して、内容を熟知しないでもできる暗唱や暗写などを行い、尋常小学校が四年から六年に延長する

なかで変化はありますが、高等小学校に進学して修身科教科書でようやく文言の解釈が登場します。中等教育以上の段階では、社会の指導層や学校教員が養成されるので、教育勅語の内容理解や研究といった段階まで進むことになります。教育勅語の神聖性を前提にした学校儀式はどの学校でも行いますが、初等教育ではその内容を真理として鵜呑《うの》みにすることが指導され、中等教育以後では様々な倫理学説や国内外の歴史や現状を学ぶなかで教育勅語と異なる内容にも触れていくわけです。つまり同じ年代、同じ年齢でも、小学校で教育勅語を暗記して鵜呑みにすることを求められて学校教育を終える人と、中等教育や高等教育で教育勅語が実は国内外の歴史や現状と異なることを学んだ人が、存在するわけです。

戦前と戦後の教育勅語研究

では、教育勅語はどのように研究されてきたのでしょうか。今日では学問の自由と教育の機会均等が原則ですから、教育勅語は何かという説明は、難易の違いがあっても、大学での研究と、義務教育段階での社会科の授業とで、結論が異なるということはありません。誰でもアクセスできる百科事典でも、歴史事典でも、教育史事典でも驚くほど似通っています。図書館に参考図書として並ぶ代表的な二〇点の事典をみても、執筆者は『国史大辞典』で日本史家の家永三郎が書いた以外は、教育史学研究者が執筆したものです。こうした記述は、『教育勅語成立史の研究』など海後宗臣《ときおみ》による研究成果、最近は佐藤秀夫らの研究成果に依拠しており、いわば教育史学の通説となっています。

こうした研究は、戦後解禁されて始まったのではなく、戦前の日本で形成されはじめていました。『明治天皇紀』を編むための臨時帝室編修官であった渡邉幾治郎は、一九三〇(昭和五)年の「教育勅語渙発四十周年記念」に際して『報知新聞』に記事を寄せて、元田《もとだ》永孚《ながざね》や井上毅《こわし》の起草や「君主の著作」としての性格などを触れた『教育勅語渙発の由来』を刊行しました。この四十周年で文部省は、講演会や展示などを行っています。一九四〇年の五十周年では、制定過程を示す元田永孚や井上毅の書翰《しょかん》も展示されて、文部省の国民精神文化研究所から、前史の教学聖旨論争の資料を含む『教育勅語渙発関係資料集』全三巻が刊行されます。この一連の研究を支えたのが国民精神文化研究所にいた海後宗臣でした。戦後教育改革の指導者の一人となり戦後教育学を支えた海後が、一九六五年に東京大学教育学部を退官するにあたって刊行したのが『教育勅語成立史の研究』です。

明治天皇の名で出された勅語が、実は元田永孚と井上毅の合作であるということを昭和戦前期において文部省が流布させたことは、初等教育とは対照的に高等教育段階では、教育勅語のアカデミックな史料研究が認められていたことを意味します。

多様な教育勅語衍義書

こうした状況を背景に、教育勅語に対して、学者や思想家などがそれぞれの学説や思想を盛り込んだ解説書が刊行されることとなります。教育勅語が法的拘束力を持つ詔勅等ではなく、「君主の著作」であることは明治期から理解されていました。この著作の解説書が、教育勅語衍義《えんぎ》書と呼ばれる三百点は優に超える刊行物です。教育勅語の「四十周年」「五十周年」でも衍義書はリスト化され、戦後は日本大学精神文化研究所・日本大学教育制度研究所の資料集(一五巻)で復刻されています。刊行された衍義書は程度の差こそあれ、著者の学問や学説から解釈し、さらに自己の思想や宗教に引きつけて説明するものが通例でした。逆に言えば、我田引水したいので衍義書が刊行されるわけです。もちろん、あくまでも教育勅語を肯定して解釈するのが前提です。

それに対して、教育勅語解釈の標準として公式の解釈書をつくる動きも、起草段階からありました。当時の学問の権威である加藤弘之、最初の案を作った中村正直、起草にあたった元田永孚と井上毅らのチェックを経たものが一八九一(明治二四)年に、帝国大学教授井上哲次郎著の『勅語衍義』として刊行されました。中村正直校閲・文部大臣芳川顕正《よしかわあきまさ》序文という権威付けによって同時代から特別な位置づけが明示され、中学校や師範学校で活用されます。

しかし、この『勅語衍義』も、それ以上の独占的な権威付けはなされず、その後は井上哲次郎の個人著作として改版されましたし、彼自身も独自の見解を出していきます。ちなみに、一八九一(明治二四)年一月に第一高等中学校(現東京大学教養学部)で教育勅語への敬礼の不十分さを理由とする内村鑑三不敬事件が発生し、一八九二年に井上哲次郎が「教育と宗教の衝突事件」として取り上げてキリスト教が教育勅語に合致しないと攻撃をしました。これはあくまでも言論界の論争ですが、教育勅語の権威をもって内村鑑三に「勅語の実行」を声明として発表させることで、日本のキリスト教徒に教育勅語を認めさせる契機となりました。

国定修身教科書の教育勅語

独占的な権威をもつ衍義書となりうるのは、修身科の国定教科書です。

国定(文部省著作)の尋常科の修身教科書をみてみましょう。この段階では、子どもには難しい抽象的な語句や論理の解釈を行う衍義のスタイルは回避されています。第一期(一九〇四年度以後使用開始)の国定修身教科書は第四学年の第二十七の箇所で、文言の解釈はせずに概要を示しています。「神武天皇が、お位におつきになってから、今まで二千五百余年になります」で始まり、「よい日本人となって、皇室をうやまひ、わが大日本帝国を守らねばなりません」といった形で趣旨をかみ砕いて、「勅語のごしゅいに、したがひたてまつることになります」と結んでいます。教師用教科書の同じ箇所では、説話要領として教育勅語の解説が記されています。第二期(一九一〇年度使用開始)では児童用教科書第六学年用で、衍義書とまでは言えませんが、本文を掲げて、文言の解釈が示されています。その後の改訂でも、簡単な解説にとどまります。

一方、高等小学校では語句や文脈に及ぶ衍義書としての体裁で編纂されていました。この見直しを行うために、「青少年学徒ニ賜ハリタル勅語」の解釈の確定とあわせて検討する目的で文部省に置かれたのが「聖訓ノ述義ニ関スル協議会」でした。一九四〇(昭和一五)年に出された『聖訓ノ述義ニ関スル協議会報告』は、表紙に「秘」と記して、「公ノ論議ノ用ニ供スル等ノコトを禁じて「執務上ノ参考」と使用目的を限定すると明記しています。これは権威ある人文系の学者を集めた会議で、教育勅語の解釈が揺れているという事実を知らせたくないというだけではなく、公式の解釈が政府の決定のように伝わることを回避したものでもあるでしょう。決定事項にあたる部分は表現を変えて、国定第五期の国民学校初等科修身の教師用教科書などに反映されています。

ここで確認できることは、公式の解釈書、公式の衍義書、正確には「公式的な性格の強い解釈書」と言えるものは存在しましたが、それが初等教育の児童には簡略化され、限られた層に「秘」として扱われるといった形態で影響を与えたという複雑な構造です。多様な解釈、多様な衍義書が共存する空間が構成されて、そのなかで教育勅語の権威が作られていったわけです。

3　教育勅語解釈の変遷と構造

ここまで研究や衍義書や教科書をみてきましたが、次に教育勅語解釈の歴史をキーワードから見てみましょう。実はこの変化の背景には、明治の末までに形式上の小学校就学率が百パーセントまで近づき、大正期には都市部を中心に中等教育への進学が増加して、帝国大学以外の大学が増加してくるという教育実態の変化がありました。第三章でみる海外の植民地へ進出する日本人も増大しますが、海外で指導的立場になる日本人は多様な文化に直面しつつも国益を守るという緊張感のある柔軟性を求められます。教育勅語を鵜呑みにするだけでは納得できない中等教育卒業者の比率が増えていくと、同じ教育勅語でも、解釈が変化していく必要が生まれます。

大正デモクラシーの「国民道徳」

この中等・高等教育の拡大と海外進出の時代を象徴する道徳論が、国民道徳です。「国民道徳」

という言葉は一般名詞のように思えますが、実際は大正デモクラシーの時期に連動する一つの教育勅語解釈の動向から生まれた言葉でした。一九〇九(明治四二)年からこの言葉が文部省に取り上げられ、翌年文部省が主催した師範学校修身科教員講習会で法学者の穂積《ほづみ》八束《やつか》と『勅語衍義』の井上哲次郎、教育学者の吉田熊次が国民道徳論を説明しました。文部省の中等教員検定試験では「国民道徳要領」が必須となりました。この国民道徳論は、教育勅語を踏まえつつその語句解釈にこだわらない道徳論であり、大学を発信源として中等教育段階の教員や生徒を対象とする点に特徴があります。教育勅語を前提にしつつ、異なる事実や思想に直面しても、それを研究して批判しうる柔軟性が求められたのです。この微妙な研究重視の立場は、リスクを持ちます。たとえば、井上哲次郎は、著書『我が国体と国民道徳』(一九二五年)のなかで「国民道徳研究指針」を示して、歴史や理想から検討するという研究を提起しますが、同書に三種の神器が喪失されたとの歴史記述があったことが不敬に問われて、一九二六年には公職の辞任へと追い詰められました。

こうした研究重視の性格を持った国民道徳が登場した時期は、前述した国定修身教科書の第二期(一九一〇年度使用開始)と重なります。一九〇八(明治四一)年の教科用図書調査委員会による検討で問題になったのが、1節で触れた「斯ノ道」という表現でした。「斯ノ道」が、「之ヲ古今ニ通シテ謬ラス之ヲ中外ニ施シテ悖ラス」、つまり、外国に通用するならば、「斯ノ道」には日本独自の「天壌無窮ノ皇運ヲ扶翼スヘシ」が入るわけがありません。この常識的な矛盾を前に、語句の衍義的記述のある『高等小学修身書巻二』で、「「斯ノ道」とは「父母ニ孝ニ」以下「義勇公ニ奉シ」までを指し給へるなり」と明記されることになりました。徳目の構造は、図2(二二頁)で示すようになります。もちろん、日本国内では「皇運扶翼」は徳目として通用するわけです。

宗教的情操論と日本精神論

一八九〇（明治二三）年に文部省が発したいわゆる「訓令十二号」により学科課程に定めのある学校では宗教教育が原則として禁止されたことへの反撥から、「宗教的信念」の教育を求める主張が大正末から教育界で始まりました。これは、どのような特定の宗教にも依拠しないという定義により「宗教的情操」と名付けられ、一九三五（昭和一〇）年に文部次官通牒によって認められました。この通牒でも、教育勅語が宗教的情操の前提として強調されています。さらにキリスト教系私立学校に対しては、キリスト教主義を掲げる学則などが教育勅語に矛盾するとして書き改めさせるなど、信教の自由を抑圧する事態へと進みました。

また、一九三一（昭和六）年ごろから多くの印刷物で日本独自の精神という意味の「日本精神」という言葉が広がっていきました。文部省もこの言葉を位置づけて、一九三六年に日本諸学振興委員会を設置して日本精神の研究を課題にします。しかし、このテーマで学会を開催すると、日本の伝統文化や古典に依拠した研究が前提になるために、史料批判が行われ伝統文化が海外起源だという矛盾を来しやすく、第三章でみるような、いわゆる「大東亜共栄圏」の発想との矛盾が生じることになります。こうして一九四四年には日本諸学振興委員会の規定から日本精神という文言が削除されました。

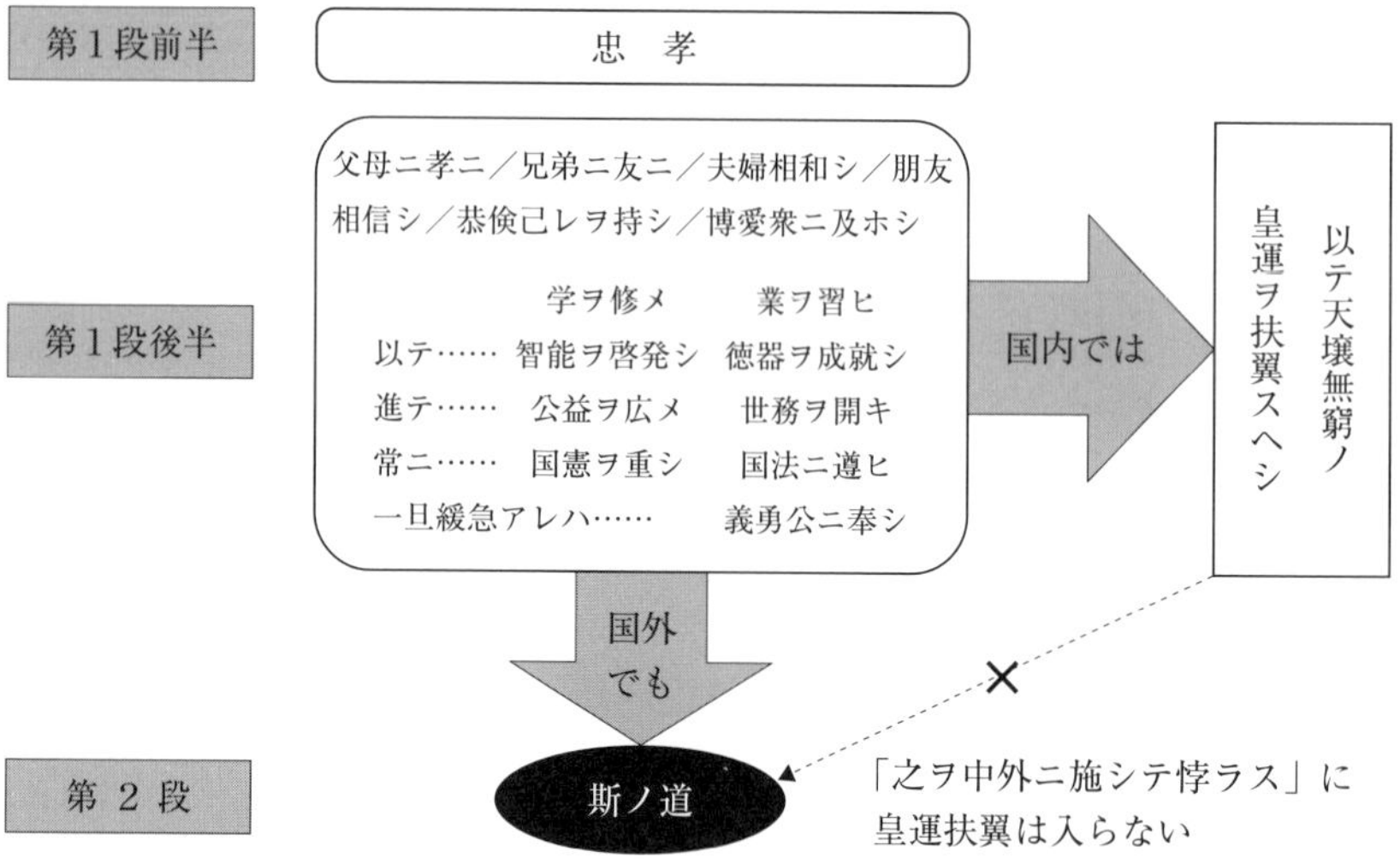

図２　国定第二期修身教科書における徳目の構造

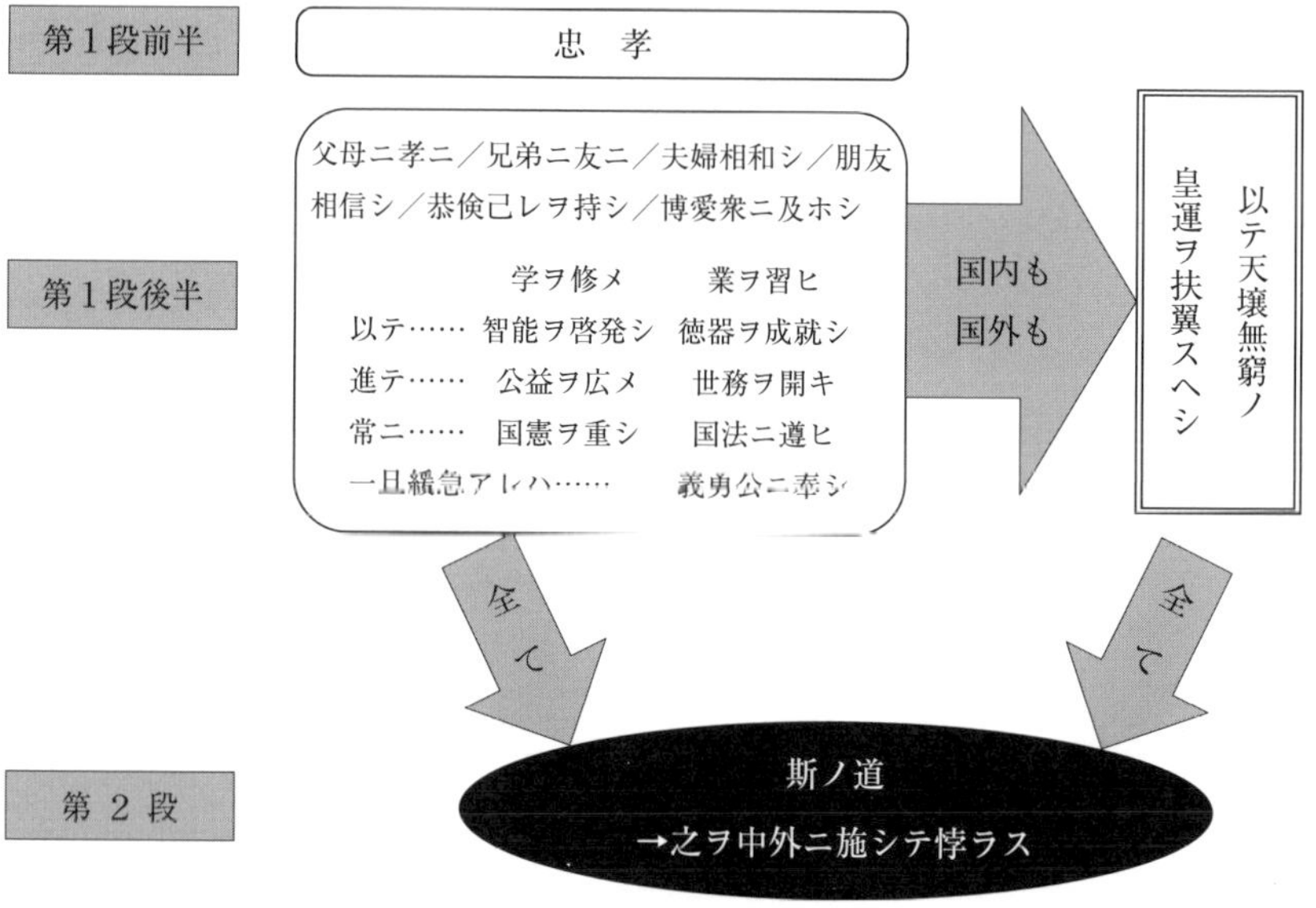

図３「聖訓ノ述義ニ関スル協議会報告」における徳目の構造

「斯ノ道」と「皇国ノ道」

一九三九(昭和一四)年に文部省に設置された「聖訓ノ述義ニ関スル協議会」では、従来の国定修身教科書の内容も含めて見直しが行われました。国定教科書の「斯ノ道」に「以テ天壌無窮ノ皇運ヲ扶翼スヘシ」が入っていないことを見直し、指示内容に含むことが確認されました。徳目の構造は、**図3**で示すように変化しました。

一九三七(昭和一二)年の高等学校高等科教授要目にある修身科の教授方針をはじめとして「皇国ノ道」という言葉が書き込まれ始め、一九三八年以後の教育審議会の答申類にもこの言葉が登場します。「日本精神」という言葉では伝統文化や古典による制約がありますが、この「皇国ノ道」はそのまま教育勅語の「斯ノ道」という箇所に直結する言葉として、制限なく使える言葉でした。また、君主の著作である教育勅語は、勅令など正規の法令には引用しにくいので、教育勅語の「斯ノ道」を意味する言葉として有権解釈(所管官庁の公式見解)で示して引用できることも「皇国ノ道」という言葉の便利さでした。一九四一年の国民学校令第一条に掲げる教育目的として「皇国ノ道」が明示されました。さらに中等学校令や高等学校令改正、師範教育令改正でも第一条に盛り込まれます。こうして教育勅語との関係が法令上も整備されたのです。

国民学校令などの廃止は一九四七(昭和二二)年の学校教育法の四月一日施行をもって行われるのですから、それまでは「皇国ノ道」は生きていたという解釈が成立しうることになります。もちろん、終戦直後から一連の処置がとられており、一九四八年六月一九日の衆議院「教育勅語等排除に関する決議」、参議院「教育勅語等の失効確認に関する決議」へと至ります。これも、教育勅語という法令ではない君主の著作の内容を、「皇国ノ道」として勅令に掲げるという不明瞭さから発生した現象です。

皇運の扶翼に集約する徳目

最後に、教育勅語とはどういう文書なのか、もう一度**図2**、**図3**を確認しながら考えてみましょう。第一段の前半には儒教に根拠を持つ徳目として「忠」と「孝」が特記されています。後半には儒教起源や西洋近代起源の徳目が列記され、「以テ天壌無窮ノ皇運ヲ扶翼スヘシ」で総括されます。「以テ」とする総括を国内外で区分しようとしたのが国定第二期修身教科書の解釈であり、これを明確につなげて「斯ノ道」で包括して国内外で通用するとしたのが「聖訓ノ述義ニ関スル協議会」での解釈でした。この二つの説の違いは、国外に通用するかどうかであり、教育勅語の国内における徳目の帰結を天壌無窮の皇運扶翼としたことには違いはありません。

本文全体を貫くのは、忠と孝の構造です。過去と現在と未来にわたって、天皇へ臣民は忠を求められ、また天皇も臣民も各世代が孝によって結ばれます。**図4**のように、教育勅語本文の「朕」や「臣民」の関係をまとめることができます。これが教育勅語の構造であり、儒教起源や西洋近代起源の徳目は、時空を貫く天皇への忠誠に収斂《しゅうれん》するわけです。これが皇運扶翼を中心とする構造です。

こうした構造は、一八八九(明治二二)年二月一一日の大日本帝国憲法が近代国家としての立憲体制を整備しつつも、第一条に万世一系の天皇主権を明示した憲法として成立したことと呼応し

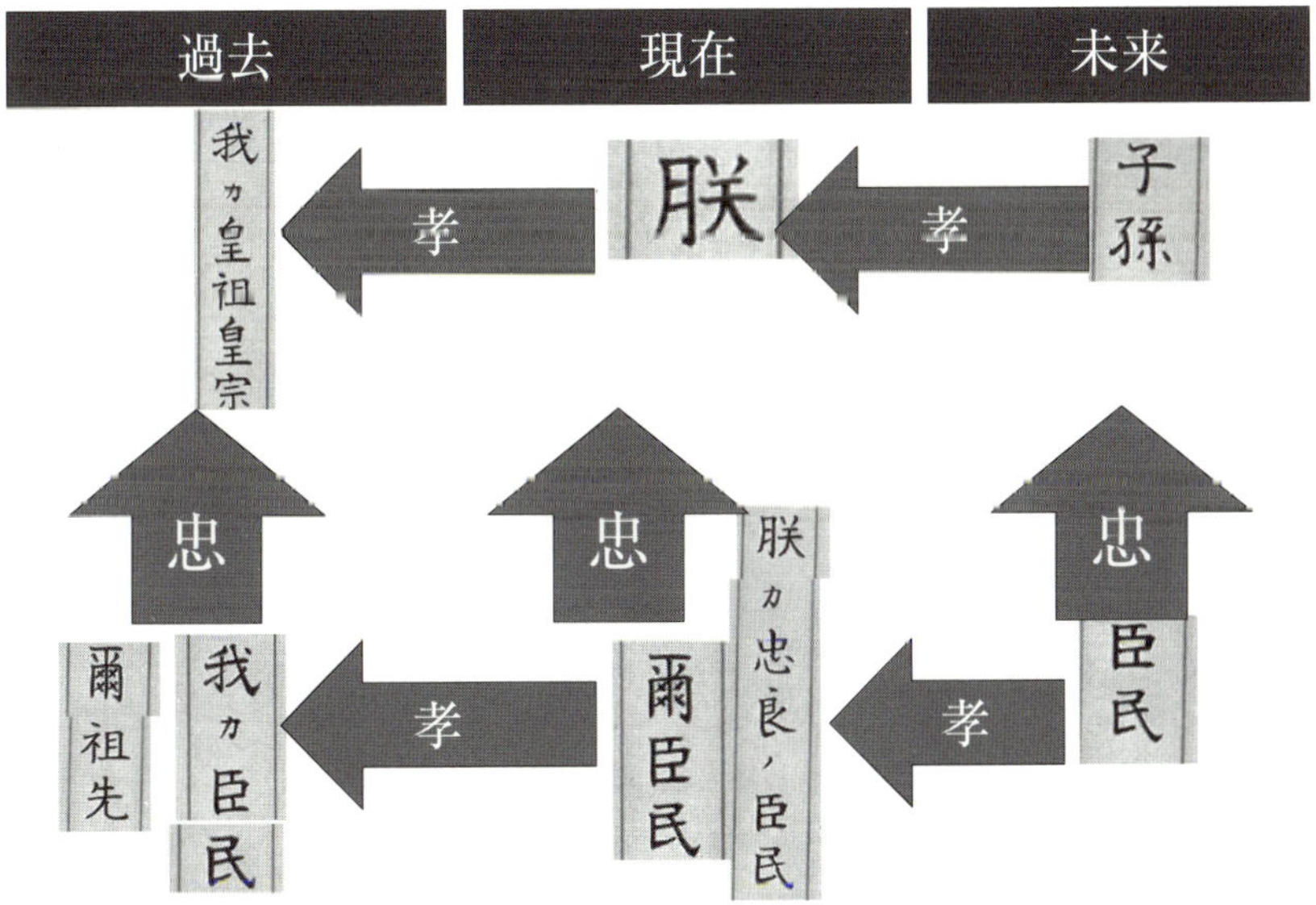

図1　教育勅語の構造

手書き文字は，東京大学所蔵文書を海後宗臣『教育勅語成立史の研究』より採字．

ます。大日本帝国憲法の「告文」にも「天壌無窮」や「皇祖皇宗ノ遺訓」と記されていますが、これを教育勅語の骨格として持ってきたわけです。記紀神話を活用した宗教的権威に基づく天皇主権の教育目的の明示という基本的性格は、多様な解釈があっても変動しがたいものでした。

おわりに

ここまででわかるように、国民主権等の日本国憲法の原理原則に反しない形で教育勅語を肯定的に教材として用いることは極めて困難です。教育勅語も、学問の自由と教育の機会均等を保障する日本国憲法のもとでは、歴史の事実に基づいて取り扱われるべきものです。

第一に、教育勅語そのものが日本国憲法の国民主権等に合致するかという点については、全体を通じて天皇への忠を貫く考えや、すべての徳目を天壌無窮の皇運扶翼へ集約する考えが、国民主権を理念とする日本国憲法と矛盾することは言うまでもありません。

たとえば「常ニ国憲ヲ重シ国法ニ遵ヒ」とある箇所は、法令遵守義務（コンプライアンス）と置き換えることが可能ですが、ここでいう国憲と国法は教育勅語成立段階の大日本帝国憲法を中心にした法令類であり、日本国憲法が大日本帝国憲法の規定する改正手続きにより成立した憲法だとしても、とても国民主権に合致するとは読めないものです。また日本国憲法の平和主義の原則からすると、「一旦緩急アレハ義勇公ニ奉シ」という徴兵制を前提にした内容は否定されます。また基本的人権という点では、大日本帝国憲法の信教の自由は皇室の祖先神への崇拝を当然のこととしていましたが、日本国憲法の信教の自由は政教分離を前提としており、「皇祖皇宗ノ遺訓」や「天壌無窮」という宗教的な前提をもつ教育勅語は信教の自由に反することになります。

もちろん今日も教育勅語を自由に解釈して肯定することは、信教の自由、思想の自由の観点から擁護されます。しかし、日本国憲法と教育基本法のもとに構成される教育において歴史の事実や研究の対象にすることを超えて、教育勅語を押しつけることはできません。

第二に、幼稚園の幼児や小学校の児童等に教育勅語を暗唱させることが今日の教育のあり方として適切かという問題です。これは教育勅語そのものの価値を肯定することを前提に可能な教育方式です。戦前日本において一般的に見られましたが、国民主権等の理念と反することが明確な状態で採用することは不適当です。国民主権にふさわしい道徳教育は、価値観の多様性を前提に、それぞれの主体性を伸張するものであることが求められます。

コラム１　教育勅語ができるまで

明治維新は王政復古でした。

西洋近代の道徳を移入しようとする動きと、天皇の権威を強調した道徳を確立しようとする動きが、教育勅語までの二十年余り展開していきます。

維新政府は「神仏判然令」を出して、地方では「廃仏毀釈」と呼ばれた寺院の荒廃を招きました。一八七二年には神職と僧侶の双方を教導職に任命して大教院を置き、天皇の権威や敬神の考えを伝える神仏合同布教を行います。

昌平坂学問所には、新たに国学者を登用して一八六九年に大学校、後に大学とします。しかし、学内紛争が起き、一八七一年には、行政部門が文部省に改組され、儒学と国学が共倒れになり、洋学が生き残ります。文部省は一八七二年に学制を定めて学校設立を布告しますが、道徳教科書はフランスの教科書を翻訳した『泰西勧善訓蒙《たいせいかんぜんくんもう》』が広く用いられます。中村正直《なかむらまさなお》が翻訳したイギリスの偉人伝『西国立志伝』も影響を与えます。

自由民権運動が始まると、対抗策が政府内でも議論されます。一八七九年には儒学復興の立場にあった明治天皇側近・元田《もとだ》永孚《ながざね》とそれに対抗する伊藤博文と井上毅《いのうえこわし》の間で教学聖旨論争が起こります。元田は『幼学綱要』や『婦女鑑《ふじょかがみ》』という倫理書を編纂し、伊藤と井上はドイツを模範とした憲法の準備を進めます。

論壇でも道徳教育の方針が多様に論じられるなか（徳育論争）、大日本帝国憲法が発布され、一八九〇年二月に、地方長官会議の「徳育涵養ノ議ニ付建議」を直接の契機として教育勅語の準備が始まります。文部大臣芳川顕正《よしかわあきまさ》が中村正直に依頼して徳育に関する箴言《しんげん》の起草が行われますが、宗教や哲学に及ぶので却下されます。そして、井上毅と元田永孚が合作して、大日本帝国憲法を前提としつつも憲法上の詔勅の形式をとらずに「君主の著作」として発表されるわけです。

こうした維新と復古をめぐる経緯がそのまま、西洋近代の道徳と儒教道徳の両方が盛り込まれ、教育勅語の万世一系の天皇の統治が根幹となるという内容と一致するのです。

第二章　不敬と殉職——学校で何が起こっていたのか

小股憲明

はじめに

教育勅語と御真影は、明治中期から昭和戦前期において、国民教育に深甚な影響を与え続けました。教育勅語は明治天皇の「聖訓」であるとされ、御真影は天皇・皇后の分身と見なされました。本章では、学校儀式における忠君教育の重要な道具立てとして用いられた教育勅語・御真影が、学校や社会において次第にその聖性を高めて行き、誰も抵抗できない形で人々を呪縛するようになった過程を、それらにまつわる不敬事件、殉職事件に即しつつ検証します。

1　儀式化する道徳——修身科、学校儀式、管理体制

教育勅語・御真影尊崇のはじまり

本書の「まえがき」にもあるように、教育勅語発布の翌年中には、まず、修身科は教育勅語の旨趣に基づくこと、道徳教育は修身科だけでなく学校教育の全体を通じて行うこととされました。次いで、すべての小学校で三大節儀式を行い、御真影への最敬礼と並んで、教育勅語が奉読され、それに基づく訓話がなされることになりました。「忠君愛国の士気を涵養」（一八九一年小学校祝日大祭日儀式規程）することが目的でした。さらに、教育勅語謄本と御真影は校舎内の一定の場所に

「最モ尊重ニ奉置」(一八九一年文部省訓令四号)すべきことが定められています。このような措置を通じて、教育勅語・御真影は国民教育において尊崇すべきものとなっていきました。

教育勅語本文は本書第一章にある通りですが、私が教えてきた大学生たちは、振り仮名なしで正しく読むことも、その意味を理解することもできませんでした。ましてや小学生が、校長先生が奉読するのを聞いて理解できるものではありません。勅語奉読中の子どもたちの姿は、あたかも今日の我々が、葬儀におけるお坊さんの読経を、意味も分からないままに頭を垂れてただありがたく辛抱強く拝聴する姿に似ています。実は、子どもたちが内容を理解できるかどうかは問題ではなく、教育勅語はありがたいものであり、それを発した天皇陛下はとてもエライ方であるということを、繰り返される儀式の場で、子どもたちに強く印象付けることが狙いでした。

「モノ」としての教育勅語・御真影

儀式会場正面に掲げた御真影に対して最敬礼するのですが、会場正面の御真影の位置と参列する児童とのあいだには、相当の距離があり、子どもたちには写真に写る天皇や皇后の顔や姿はよく見えませんでした。見えない方がありがたみが増してよかったのかも知れません。かなたに掲げられた写真にうやうやしく最敬礼するという行為を繰り返すことによって、子どもたちに天皇・皇后がいかに尊い存在であるかを印象付け、「てんのーへーかにちゅうぎをつくす」ことが大切であることを、体得させることが目的だったのです。修身科の教育も、勅語に掲げられた徳目を金科玉条として叩き込み、暗唱や暗写によって無条件に尊崇させるものでしたから、とても道徳教育と言えるものではありませんでした。

このように、教育勅語と御真影は忠君教育の重要な道具立てでしたから、時を経るにつれて、その取り扱いには細心の注意が求められ、管理責任(奉護義務)も厳重を極めるようになっていきました。つまり、モノとしての教育勅語謄本や御真影それ自体が尊崇の対象となり、結果として神格化(物神化)という社会現象が発生したのです。この物神化を進めたのが、教育勅語・御真影に対する尊崇の念を欠くとして社会的に非難された多くの不敬事件でした。勅語・御真影尊崇の観念が不敬事件をひき起こし、不敬事件の頻発がさらに物神化を昂進《こうしん》させ、それがまた新たな不敬事件を誘発するという循環構造が社会的に形成されたのです。次節において、その具体的な様相を見ることとします。

2　学校儀式における不敬事件――「道徳」がもたらした荒廃

教育勅語・御真影が学校儀式によって「尊崇され刷り込まれる」構造をもっていたため、不敬事件の舞台はまず最初に学校儀式でした。これらは、意図して不敬行為を犯した場合に処罰される刑法不敬罪の加罰対象ではありませんが、国民道徳上許されない不敬行為として新聞各紙によって報道され、広く国民に知られました。学校は教育勅語・御真影が常在する場でしたから、それらに対する不敬事件が社会の中でもっとも発生しやすい危険な場であり、常にそうしたプレッシャーにさらされていたのです。

内村鑑三事件――監視される「内心」

勅語に対する最初にしてもっとも有名な不敬事件は、一八九一年、第一高等中学校（後の第一高等学校、現東京大学教養学部）の勅語奉読式において宸署（天皇直筆の署名）の勅語に最敬礼しなかったこと（少ししか頭を下げなかった薄礼《はくれい》）を咎《とが》められて依願退職に追い込まれた内村鑑三事件です。不敬事件といえばまず内村事件が想起され、不敬事件とは内村事件のこととのみ理解している人もいるくらいですが、同年に、東京府（現東京都）の小学校教員が紀元節儀式で御真影への拝礼をしなかった（欠礼）として退職させられ、一八九六年には仙台の第二高等学校（現東北大学）で米国人雇《やとい》教師が、御真影最敬礼の頭の下げ方が十分でなかった（薄礼）として、日頃から同教員に反感を募らせていた生徒の弾劾にあい、任期途中で解雇されています。一八九九年には熊本の第五高等学校（現熊本大学）で、ドイツ人雇教師が紀元節儀式に出席しながら御真影に拝礼しないまま退席したことを生徒が見咎め、校長が監督不行き届きを理由に譴責《けんせき》処分を受けています。

荘厳化する儀式――服装、言葉、式次第

儀式のさいの服装も問題となりました。一八九一年、愛知県の小学校教員が御真影奉戴式場で首にハンカチを巻いていたため、その不敬を咎められています。一八九三年、金沢のミッションスクール北陸英和学校の新年始業式で、同校理事が着流しに羽織は着用していたが袴を着用しないで勅語奉読を行った（当時の常識では袴を着用しないのは正装ではない）ため、自ら理事を辞職していますが、キリスト教徒の不敬として攻撃されました。

一八九二年、愛知県の小学校教員が、天長節儀式で教育勅語を読み誤ったため、大不敬と非難され、近日中に進退伺提出の模様と報道されています。勅語の語法、ことばづかいを批判する言説も、不敬との批判を免れません。一八九二年、青森県尋常師範学校教員が勅語の語法を批判したとして、また同年に高等師範学校教員も、教員講習会において勅語の語法を種々批判したとして、いずれも新聞から不敬との厳しい批判を受けています。文法の誤りを訂正して読み換えることもまた、不敬との非難を免れませんでした。一八九四年、北海道師範学校長が、卒業証書授与式において、「一旦緩急アレバ」は文法的に誤りで、「一旦緩急アラバ」が正しい（第一章参照）として、そのように訂正して勅語を奉読しました。平素から校長に強い反感を抱いていた生徒たちがその不敬を咎め、校長の御真影に対する不敬なるものも持ち出して、校長排斥運動を行いました。生徒に大量の処分者を出すなど紆余曲折のすえ、校長は更迭されています。

一八九一年、第三高等中学校（現京都大学）の紀元節式場で、式の進行役が御真影拝礼の号令をかけ忘れたことから会場が混乱し、改めて御真影拝礼を行っています。一八九八年、岡山県尋常中学校の紀元節儀式の終了後、御真影の帳《とばり》を閉じないまま教員が退席したため、教員に反感を募らせていた生徒がその不敬を咎めてストライキを起こしました。翌一八九九年、同じ岡山の第三高等学校医学部（現岡山大学医学部）の天長節儀式において、式前の会場設営を行った学校職員の御真影の取り扱いが粗略に見えたこと、式後に御真影の帳を閉じないままに教員一同が退席したことをあげつらって、かねて医学部主事（医学部長にあたる）の教員人事に不満を持っていた生徒たちが、激しい主事排斥運動を行いました。

一九〇八年、名古屋市の金城女学校では地久節（皇后誕生日）の儀式において、御真影最敬礼、教育勅語奉読を行わなかったことがキリスト教学校の不敬であるとして、地元新聞から繰り返し激しい攻撃を受けました。中学校・高等女学校も文部省令によって三大節儀式を行うことが規定されていましたが、地久節はそれに含まれていない任意の儀式ですから、その式次第についても何ら法令上の規定はありませんでした。金城女学校は、その任意の儀式を女学校という立場からわざわざ行い、かつ地久節には皇后の作である「金剛石も磨かずば玉の光はそはざらむ……」の歌の方がふさわしいとしてそれを奉唱していたのです。それでもなお、このような不敬攻撃を受けているところに、御真影最敬礼と勅語奉読を欠く学校儀式など考えられないという、法令解釈上は誤っている社会意識が、通念上当然のものとして成立していることを知ることができます。

利用される不敬事件――忠義の仮面をかぶった攻撃

中学校や高等学校での不敬事件には、教員や学校に反抗する口実として、生徒たちが不敬事件を言い立て、利用する例がいくつもありました。戦前期には、教育勅語や御真影にまつわる不敬事件だけでなく、天皇皇族、国体・政体　歴代、神宮・神社・陵墓などに対するおびただしい数の不敬事件が発生しているのですが、多くの場合、他者の不敬を言い立てる者たちは、純粋に「忠君の至誠」からそれを言っているのではありませんでした。他者を政治的、社会的、人間関係的に排撃したいという意図があって、忠君の仮面をかぶって不敬を口実にして攻撃し、自らの利害のために「忠君の大義」を利用していたのです。一般の国民が他者を摘発した戦前期の国民道徳上の不敬事件は、一つの社会的流行現象となりましたが、それはこのような偽忠君の横行だったのです。忠君を至上価値とする社会は、その横行を止めることができない社会だったのです。

ここまで見てきたような事件は、新聞によって不敬事件として報道され、社会的に広く知られました。学校は、教育勅語が「以テ天壌無窮ノ皇運ヲ扶翼スヘシ」と垂訓しているように、忠君教育を重要任務としているのですから、学校関係者にとって、不敬事件で社会的批判にさらされる不名誉は、何としても回避しなければなりませんでした。

上級の学校で生徒が教員の欠礼、薄礼を教員排斥の口実とする事件が続いたのは、御真影に拝礼を許されるのは名誉なことという観念から、教員が先、生徒も上級生から先にという拝礼順序だったため、生徒が教員の拝礼のようすを見咎める機会があったからでした。そのため上級の学校でも、小学校と同じ一斉拝礼方式に改められていきました。式場の全員が一斉に最敬礼すれば、他者の欠礼、薄礼を見咎めることができるものは誰もいないことになります。もしいたとしたら、それは自らも最敬礼していなかったことを白状するにほかなりません。

この他にも、先行する不敬事件を教訓に、それを回避するノウハウが蓄積されます。教職員は式場には正装で臨まねばならないことが徹底されます。勅語奉読で誤読するなどあってはならないし、文法的に勅語の語法に問題ありと思ったとしても、そのようなことは決して言ってはなりません。まして誤りを訂正して読むなどもってのほかです。勅語奉読の時には一同厳粛に低頭していなければなりません。式場設営のさい、間違っても御真影を粗略に扱っているという印象を与えてはなりません。式後には恭《うやうや》しく御真影の帳を降ろしてから退席するようにしなければなりません。

このように新たなタイプの不敬事件が発生するたびに、学校関係者がそれを回避するノウハウを蓄積していく過程は、そのまま、モノとしての勅語謄本・御真影の取り扱いが丁重なうえにも丁重を重ねて、その物神化が昂進する過程でもあったのです。その結果として、明治末年以降は学校儀式における不敬事件はほとんど起こらなくなっていきました。

3　エスカレートする「不敬」――誘発される犯罪

失火による焼失と校長の処分

儀式における不敬事件は減少していったのですが、戦前期の学校はそのほとんどが木造であったため火災が頻発し、その結果勅語謄本・御真影が焼失するという事態が多発しました。筆者が確認しているだけで、それらの焼失は、明治期に一一件、大正期に八件あります。

学校火災の結果としての勅語謄本・御真影の焼失は、いわば不可抗力であって不敬事件と呼ぶべきものではないはずですが、それらを尊崇すべしという意識が形成された社会では、新聞によって「畏《おそ》れ多いこと」「不敬なり」と報道されてしまいます。経済的損失や授業に支障をきたすという点では、印刷物の紙切れ一枚の謄本、焼き増しした写真一枚の焼失よりは、校舎焼失の方がはるかに甚大な被害なのですが、観念的には、勅語謄本・御真影の焼失の方がはるかに重大な失態だと受け止められていたのです。

例を挙げると、一八九八年、岩手県の小学校では、校内に適当な保管場所がないため村役場において保管していた勅語謄本・御真影が役場火災のために焼失しましたが、このとき校長教職員一同が進退伺を提出しただけでなく、学務担当書記官、郡長、県庁学務主任、視学、学務課長から県知事までが、それぞれの上長に進退伺を提出しています。村役場の焼失だけであれば、このような事態にはなりません。校長は退職させられています。また、一九〇七年、神奈川県の小学校火災で勅語謄本・御真影が焼失したさいには、宿直教員が免職、校長が減俸処分となり、一九一〇年、沖縄県の小学校で同様の焼失があったさいには、宿直教員だけでなく校長も免職となっています。

校長排斥のための隠匿、焼却

一八九六年、埼玉県の小学校で、一八歳の臨時教員が飲酒酩酊して御真影奉置室の扉を破壊し、御真影額のガラス片で「畏《かしこ》くも御　尊影（の手のあたり）に微疵《びし》を生ぜしめ」ました。その結果、校長が県当局に待命書を提出したほか、県参事官が上京して文部省に顚末を報告し、文部省普通学務局長が現地に出張しただけでなく、県知事までが待罪書《たいざいしょ》を提出して閉居謹慎中と報道されています。少年臨時教員が酒を飲んで（ちなみに当時はまだ一九二二年制定の未成年者飲酒禁止法はありませんから、飲酒自体は違法行為ではありません）、御真影に少しの疵《きず》をつけただけの無分別な行動が、関係者のあいだにここまでの恐慌状態を引き起こしているのです。広く報道されましたから、御真影の管理責任がいかに重いものであるかを、改めて世間に強く印象付けることになりました。

校舎火災による焼失などでの校長等の処分やこの事件の報道によって、勅語謄本・御真影の管理（「奉護」）責任がきわめて重いものであることが周知の事実になると、今度は校長等を陥れる目的で、それらを故意に隠匿したり焼却したりする事件が続発するようになりました。それらは学校儀式のときに必ず使用されるのですから、校長らはその紛失を隠しおおせることは不可能で、減給、降格などの処分を受けることは必定だったからです。筆者が知る限りでも、その種の事件は全国にわたって明治期に一〇件、大正期に一七件、まだ筆者の調査が進んでいない昭和戦前期でも八件あります。隠匿・焼却などが、社会的流行現象ともいえるほど多発したのです。

校長など関係者を陥れる目的で隠匿・焼却した犯人は、校長に解雇されたりして恨みを持った校務員（小使）や少年給仕、勤務不良や素行不良で校長から退職させられたり注意されたりした教員、校長の追い出しを目論んだ教員、宿直教員を陥れようとする役場書記、日頃から教員に恨みを持っていた村民、学校の子どもへの対応に不満を持った保護者等々でした。

犯人が検挙された事件については、隠匿の場合は警察処罰令業務妨害、勅語謄本焼却の場合は官文書（公文書）毀棄罪、御真影焼却の場合は不敬罪で、それぞれ処罰されています。校長や宿直教員は、これら犯罪の被害者であるにもかかわらず、平素の管理不行き届きを理由に減俸の懲戒処分を受けるのが通例でした。

隠匿・焼却事件の早い段階で、犯罪被害者である校長、宿直教員の管理責任は問わないとの合理的判断がなされていれば、この種の事件の続発はおそらく防げたはずです。社会通念となった勅語・御真影の聖性に呪縛された処分権者（府県知事）が、管理責任を問う懲戒処分を行ったために、ますますこの種の事件の発生を促すこととなったのです。

御真影誘拐事件

隠匿・焼却事件の横行の末に、昭和期になると、御真影誘拐ともいうべき事件が発生するようになります。御真影を盗み出して、校長にその身代金を要求するという犯罪です。

一九三二年、長野県の小学校から御真影を窃取した犯人が、校長あての手紙でその返還を条件に多額の金銭を要求し、応じなければ御真影は葬ってしまうと恐喝しました。校長はその秘密の取引に応じ、犯人の指定する時刻と場所に金銭を置き、犯人は身代金を手に入れてその場所に御真影を返却しました。ところが校長が犯人指定の時間に御真影を回収に行く前に、偶然通りかかった村人が見つけて警察に届けたので、校長は御真影を回収することができませんでした。警察の捜査が始まって御真影が盗まれた小学校が特定され、かつ近隣の別の小学校の校長も同様の恐喝を受けていることが判明し、やがて犯人は逮捕されました。犯人が処罰されたことは当然ですが、御真影を盗まれ恐喝された二人の小学校長も、減俸の懲戒処分を受けています。一九三五年にも福島県の小学校で、その学校の卒業生が御真影を窃取してその返還を条件に校長から金銭を脅し取りました。しかし犯人は御真影を返却せず重ねて金銭を要求したため、校長が警察に届けて事件が明るみに出て、犯人は逮捕されました。

驚くべきことに、二つの事件でいずれの校長も、警察に届けずに犯人の求めに応じて秘密裏に身代金を支払っています。なぜでしょうか。事件が明るみに出ると、被害者であっても減俸の懲戒処分が避けられないと校長らは考えたに違いありません。だから秘密裏に御真影を回収し、何もなかったことにしたかったのです。長野県の事件で金銭と引き換えの御真影回収が上手くいっていたら、また福島県の事件で犯人が重ねての金銭要求をしなかったら、事件は明るみに出なかったかも知れません。そう考えてみると、闇から闇に葬られた御真影誘拐事件が他にあったかも知れません。

長野県の事件では、犯人に金を渡すのではなくまず警察に届けるべきであったという警察関係者から校長への批判の声に対して、県の学務部は、御真影を無事に取り戻すことが先決問題であるからと、秘密裏に金銭を支払った校長を擁護しています。学務部をしてこのような校長擁護の弁を吐かしめ、それがどれだけ滑稽なことであるかに誰も気付かないほどに、生身の天皇を守護するように御真影を奉護するのは当然という社会意識が広がっていたのです。

4　殉職事件

勅語謄本・御真影は、果ては死者を出すに至っています。それが殉職事件です。不敬事件と殉職事件、現れ方はまったく対極にあるのですが、いずれも勅語謄本・御真影の物神化という共通の社会意識に根ざして発生しているのです。

死を強いる抑圧

御真影殉職事件の最初は、一八九六年、三陸大津波のさいに勅語謄本・御真影を救い出すために逃げ遅れ、津波に飲まれて殉職した小学校長の例です。一九〇七年には仙台の県立第一中学校の学校火災のとき、勅語謄本・御真影を取り出そうとして逃げ遅れた学校書記（事務長）が殉職しています。一九一八年には植民地朝鮮の小学校で、校長が猛火を冒して校舎に飛び込んで「御真影奉安室の正面に正座して焼死」しました。一九二一年、長野県の小学校で、宿直室の御真影を取り出そうと燃え盛る火炎の中に飛び込んだ校長が、御真影を抱いたまま宿直室外の壁にもたれた姿で焼死しました。一九二七年にも兵庫県の小学校教員が、学校火災のさいに御真影を奉持したまま焼死しました。

タイプは異なりますが、一九一三年、勅語謄本盗難で減俸処分を受けた北海道の小学校長が五名の子女を道連れに服毒自殺を図り、本人は死亡しましたが、子女は命を取り留める模様と報道されています。一九二二年、東京府の小学校長は、御真影下賜当日に重病を押して出頭し、翌日に死亡しています。一九二三年の関東大震災では多くの教職員が殉職していますが、東京府の殉職教職員一三名のうち半数ほどが御真影守護に関わっての殉職でした。地震の揺れからせっかく校舎外に逃れたのに、その後発生した火災から勅語謄本・御真影を守ろうとして校舎内に戻って殉職したケースが多かったのです。

一九三四年、室戸台風で多数の教職員・児童が犠牲となっていますが、大阪府の小学校長がまず御真影を「奉遷」した後、児童の避難に奮闘中に校舎の下敷きとなり数名の児童を抱いたまま殉職しています。児童の避難を先にしていたら助かっていたかも知れません。病気を押して出校した大阪市の小学校長は、児童を避難させた後に台風による津波が襲来したため、水中を泳いで御真影を救出しましたが、その後高熱を発して殉職しました。

いったん殉職事件が発生し、教育者のお手本として称賛されると、それが学校関係者への社会的・心理的圧力となって、さらなる殉職事件を強いることとなりました。このような殉職の続発を契機に、学校関係者の自己防衛策として、燃えやすい木造校舎とは別に耐火構造の倉庫（奉安殿）を建て、そこに勅語謄本・御真影を保管するという方向に向かいました。「これ以上犠牲者を出したくない」というのが学校関係者の本音だったのですが、「火災のさいに勅語謄本・御真影に万一のことがあってはまことに恐れ多いから」というのが、奉安殿の予算を審議する村会などで説明された建前上の論理でした。

奉安殿建設後も、勅語謄本・御真影物神化の昂進は止まるところを知らず、写真に生じるシミやカビまでが大問題となり、大真面目でその対策が講じられています。太平洋戦争中、アメリカ軍の空襲が激しくなって出された一九四三年の文部省・内務省通牒「学校防空指針」では、「防空の主眼」として、まず第一に「御真影、勅語謄本、詔書謄本の奉遷」を、次いで「学生生徒及児童の保護」を掲げています。空襲被害の報告書でも、まず「御真影、勅語謄本、詔書謄本の安否」、次いで「死傷者数」の報告を求めています。児童の生命よりも御真影の安否の方が最重要事項とされるという信じがたい事態になっているのです。

言論の歯止めが利かない社会

殉職事件の多くは、忠君美談となりました。誰もが猛火の中に飛び込んで自殺できるわけではありません。だからこそ教育者の鑑《かがみ》として称賛されたのです。しかし他方で、いくらでも複製できる写真や謄本のために命を粗末にしてはならない、命は再生できないのであり、生きていて教育者としての使命にいっそう邁進することこそ真の忠君愛国であるとする意見もありました。殉職事件のたびに、同様の議論が繰り返されています。忠君という道徳的価値は、教育勅語の「以テ天壌無窮ノ皇運ヲ扶翼スヘシ」によって確定されていたのですが、では忠君とは具体的にいかなる行為であるかについては、多様な議論があり得たのです。生身の天皇を守護するのと同様に写真一枚に命を捧げるのが真の忠君か、そのようなことで命を粗末にせず、生きていて国家社会のために貢献するのが真の忠君か。戦前期の国家も社会も、この議論に明確な回答を与えることができませんでした。

御真影にまつわる不敬事件や殉職事件の多発に対して、一九〇四年の『平民新聞』(一月一〇日)は、「小学校に奉安せる御真影に関し騒動の持上ること、年々幾回なるを知らず。之が為めに罪人となるものあり、失業者となるあり、負傷する者あり、生命を亡へる者すらあり……吾人は今後各小学校の御真影奉安を廃止せんことを切望す」と、御真影を学校から無くすべきだと訴えています。

一九一四年、牧師柏木義円《かしわぎぎえん》が発行していたキリスト教の『上毛教界月報』(八月一五日)は、国家官僚たちは教育勅語を誤用して国家百年の計を誤っているとして、次のように述べています。「寺の小僧が経を誦するが如く学生をして勅語を誦せしめ、而して其意義さへ解説し去れば徳育輙《すなわ》ち成ると信じ居るなり……彼等は唯教育勅語を以て世界無比の経典と崇め、其万能を信ずるを以て忠君愛国の行為なりと考へ」ている。「他方には動《やや》もすれば所謂《いわゆる》不敬問題を惹起するの危険あるを恐れて、腫れ物に触るるが如く用心して、自由討究以て倫理教育に刺激を与へて其進歩を促すを得ざらしめたり。要之《これをよう》するに日本教育の根本的病根は、教育勅語の誤用に在」る。ではどうすべきか。「教育勅語を諸学校より奉還せしめ……以て其誤用の機会を根本より徹し去る」べきである。つまり、教育勅語を尊崇し万能視する誤った意識（教育勅語の誤用）が社会全体をおおっている現状を正そうとしても、そのような言論そのものが不敬攻撃を受けることになるので、学校教育から教育勅語を撤回してしかるべきところに「奉還」するほかない、と訴えたのです。

　これが柏木義円の勅語奉還論ですが、彼はさらに続けて、「世に欽定憲法あらんも、欽定倫理、欽定宗教ある可らず。政治上の権威は、以て倫理道徳上の権威と為すに足らざるなり。英の皇帝でも独のカイザルでも、自らの詔勅を以て敢て経典と為して国民に臨むの大胆に出ること」はないのである、と述べています。

　『平民新聞』や『上毛教界月報』のような主張が、勅語・御真影の物神化の時代にも、今日にも通底する批判精神として息づいていたことは記憶に留めるに値しますが、残念ながら両紙とも限られた読者しか持たない弱小紙でしたから、当時の社会に訴える力を持ち得ませんでしたし、もし影響力の大きい一般紙が同様の社説を掲載したならば、不敬言説との攻撃を免れなかったでしょう。

おわりに

　多くの不敬事件や殉職事件に媒介されつつ、教育勅語・御真影の物神化がはてしなく昂進していったこと、行政当局も、学校関係者も、国民も、その呪縛にがんじがらめにされていったことを、具体的事例に即しながら見てきました。いったん物神化の方向に社会の歯車が回り始めると、教育勅語だけが道徳標準ではないとか、写真一枚が燃えたところで何ほどのことであろうかなどという言説は社会的に許容されず、物神化はエスカレートする方向へと進むしかなかったのです。

多くの方は、このような事態を知って、何と愚かしいことをしていたのだろうと思われるはずです。しかし私たちの社会は、本当に先人の愚かしさを嗤《わら》うことができるのでしょうか。東京でも大阪でも、学校儀式において日の丸・君が代を尊崇しないと見なされた教員に対する処分の山が築かれ、教育勅語を学校で教材として使用することもありうると閣議決定されたのは、いま現在私たちが生きる社会でのことです。歴史の教訓が生かされていると言えるでしょうか。

参考文献

岩本努『「御真影」に殉じた教師たち』大月書店、一九八九年
小股憲明『明治期における不敬事件の研究』思文閣出版、二〇一〇年
小野雅章『御真影と学校――「奉護」の変容』東京大学出版会、二〇一四年

コラム2　「教育勅語渙発五十年記念」切手

太平洋戦争開戦前年の一九四〇年、教育勅語発布の一〇月三〇日に「教育勅語渙発五十年記念式典」が、天皇名代閑院宮《かんいんのみや》出席のもと憲法記念館で挙行されました。教育勅語渙発五十年奉賛会『教育ニ関スル勅語渙発五十年記念誌』が刊行されたほか、記念切手が発行されています。この年は、「紀元二千六百年」にも当たり、全国でさまざまな記念行事が開催されました。

切手のデザインは、宮中における教育勅語下賜の図と、忠孝の二文字を図案化したものの二種です。戦前期における特殊・記念切手の発行は、今日に比べると格段に少なく、昭和戦前期のすべてを合わせても現今の一年分にも及びません。

教育勅語が、単に学校教育だけでなく、当時の社会全体をいかに強く束縛していたか、このようなところにも現れています。

「忠孝」の二文字は、臣民がみな忠孝を実践してきたのが「我国体ノ精華」であるとする教育勅語の文言から採られています。「忠孝一本」（忠と孝の本源は同じ）が強調され、建国以来臣民はみな天皇に忠を尽くして来たのだから、現在の臣民が天皇に忠を尽くすことはそのまま、祖先に対する孝の実践である（忠孝一致）とされました。しかし実際には、「忠ならんと欲すれば孝ならず、孝ならんと欲すれば忠ならず」という場面がたくさんあります。そもそも、生きていてこそ親孝行ができるのですから、天皇に忠を尽くして戦死することは、孝とは矛盾するのです。だからこそ、「忠孝一本・一致」の観念《イデオロギー》が繰り返し強調される必要があり、日中戦争で多くの兵士が戦死している現実のなか、記念切手にも「忠孝」の二文字が採用されているのです。

第三章　教育勅語と植民地支配

樋浦郷子

はじめに

日本は一八九五年、日清講和条約(下関条約)により台湾、澎湖諸島を割譲され、アジアの国で初めて植民地を支配する国になりました。続けて日露戦争を経てサハリン(樺太)の南半分を領有し、その後日韓併合条約により朝鮮半島を植民地とします。

教育勅語が出されたのは一八九〇年です。当時は、植民地を支配することが現実的に想定されていませんでした。祖先の違う海外の人々に「爾祖先ノ遺訓」などということができないのは明らかです。

しかし植民地化された台湾と朝鮮では、支配の当初から教育勅語が現地の児童生徒に教えられました。年月の経過につれて、植民地の異民族に教育勅語を教えることの矛盾を抱えきれなくなります。だからといって、教育勅語の「物神化」が進む中で、勅語を放棄することもできませんでした。

以下では、教育勅語が異民族にとってどれほど不合理な存在であったかということについて考えた上で、現代の日本人と教育勅語について検討します。

1　植民地の教育勅語

台湾で教育勅語を教える

日本は、一八九五年の日清講和条約によって台湾を植民地化することで、アジアにおいて最初で最後の植民地宗主国となりました。台湾の人々はまず、武力のほかさまざまな方法で日本の統治の開始に対して、各地で大規模かつ長期的な「抵抗」を行いました。

台湾総督府の初代学務局長となった伊沢修二（日本の教育の歴史においてとても重要な人物）は、教育勅語を台湾人の教育に利用すべきであるという強い信念を持っていました。台湾人は「同文同種」（同じ漢字・儒教文化圏）の人々であるというのがその根拠でした。

台湾の人々が日本の統治に武力で反対する中で、台湾人対象の初等教育機関の制度も整えられていなかった一八九六年一〇月には早くも、台湾支配に何より必要だった日本語教授を行う国語学校、国語伝習所に教育勅語謄本が下付されました。謄本を下付された学校では、そのための法令が存在しないにもかかわらず、それぞれの現場で三大節（一月一日、紀元節、天長節）儀式を行い始めました。

一八九八年に台湾人初等教育機関として「公学校」の制度が定められ、それが一九一二年に改正されるに至って、「教育勅語奉読」を含む学校儀式についての規程が明記されるようになりました。台湾への教育勅語と学校儀式はこうして、実態が法令制度に先行し、逆に法令の整備が実態に遅れる形で広められました。

朝鮮で教育勅語を教える

日露戦争直後、一九〇五年の第二次日韓協約により日本は大韓帝国を「保護国」とし、外交権を事実上奪取しました。その後一九一〇年の日韓併合条約をもって朝鮮半島の植民地化を進めます(現在の朝鮮民主主義人民共和国と大韓民国の領域を、本章では朝鮮と記します)。

併合翌年の一九一一年八月、(第一次)朝鮮教育令が定められ、同年中に教育勅語謄本が朝鮮総督に下付されました。このとき「朕曩《さき》ニ教育ニ関シ宣諭スルトコロ今茲《ここ》ニ朝鮮総督ニ下付ス　明治四十三年十月二十四日」という特別な文言が付け加えられ、翌年一月には管轄下の学校に配布されました。第三条までを引用します。

朝鮮教育令　(一九一一年勅令第二二九号)

第一章　綱領

第一条　朝鮮ニ於ケル朝鮮人ノ教育ハ本令ニ依ル

第二条　教育ハ教育ニ関スル勅語ノ旨趣ニ基キ忠良ナル国民ヲ育成スルコトヲ本義トス

第三条　教育ハ時勢及民度ニ適合セシムルコトヲ期スヘシ

ここでは、同時代の日本内地の学校の規程にはなかったことが書かれています。第二条の「教育ハ教育ニ関スル勅語ノ旨趣ニ基キ忠良ナル国民ヲ育成スルコトヲ本義トス」です(傍線は引用者による。以下同じ）。「本義」とは、「根本をなす意義」という意味です。すなわち、植民地朝鮮の教育の根本的な内容は「教育ニ関スル勅語ノ旨趣」を前提として「忠良ナル国民ヲ育成」することであると明示されたのでした。また、第三条にある「時勢及民度」は、朝鮮人初等教育機関（普通学校）の大部分を一九四〇年代に至るまで四年制にとどめておくことなど、明らかな民族差別の制度を正当化するための根拠として用いられました。

日本内地の小学校令施行規則（一九〇〇年八月二十一日文部省令第十四号）では、「第二条　修身ハ教育ニ関スル勅語ノ旨趣ニ基キテ児童ノ徳性ヲ涵養シ道徳ノ実践ヲ指導スルヲ以テ要旨トス」とされていました。「勅語ノ旨趣」という文言は、あくまで「修身」（道徳）という科目の要旨として定められたのです。

植民地には大日本帝国憲法が施行されず、義務教育や（男子の）普通選挙権は認められていませんでした（けれども不敬罪や治安維持法などは勅令や律令（台湾）、制令（朝鮮）をもって適用されました）。義務教育制度がないにもかかわらず、朝鮮教育令第二条によって修身科の授業を超え、教育の全体が「教育ニ関スル勅語ノ旨趣ニ基」づくことを、併合の翌年に本国枢密院の同意を得て勅令として定めたのでした。

朝鮮での教育勅語の導入は、併合直後から法令による体制づくりがまず行われました。この点は、台湾がたどった経過とは特徴が異なります。（第一次）朝鮮教育令第二条「勅語ノ旨趣」は、一九一九年に定められた（第一次）台湾教育令にも引き継がれました。

なお、「御真影」は、植民地の初等学校にはほとんど交付されませんでした（**コラム3**参照）。教育勅語は植民地化と同時に移出しながら、「御真影」の不在は認めるという二重の基準が植民地の初等教育を貫いていました。

2　植民地における教育勅語の実態と終焉

植民地のための「勅語」要求

台湾の教育界では、一九〇〇年代初めから一九一〇年代初めにかけて、『台湾版教育勅語』を出すべきであるとの意見が多く出されました。実際に、「台湾版教育勅語」の草案を作成する段階まで計画は進みました。朝鮮についても、教育勅語の公式的な解釈書(第一章でも登場する『勅語衍義』)の著者である井上哲次郎が、三・一独立運動直後に、朝鮮人のための教育勅語が出されるべきであるという意見を幾度も発表しました。しかしこれらは実現しませんでした。「中外ニ施シテ悖ラス」(国の内外に適用しても間違いはない)という教育勅語の文言を否定することになるという矛盾にぶつかったためです。

台湾・朝鮮ともに、植民地化直後から、教育をつかさどる植民地の官僚や教員たちは、「祖先」の異なる異民族の児童生徒に教育勅語の理念を教える困難を実感していました。「祖先」だけでなく、「一旦緩急アレハ」という言葉を取ってみても、日本人にとっての非常事態と、台湾人、朝鮮人にとっての非常事態は異なります。「国憲ヲ重ンシ」についても、そもそも植民地に憲法は適用されませんでした。保護者の世代は日本の支配を苦々しく感じていた人々も多くいました。そうした中で、「父母ニ孝ニ」を台湾人、朝鮮人児童が実践し、親の考えを尊重すれば、日本の支配を否定することにも繋がります。

朝鮮では一九二九年、地方講演を行った朝鮮総督府学務局社会課長は、「何卒《なにとぞ》教育勅語の事は余りお話しにならない様に願います」と要請されました（『警務彙報』朝鮮警察協会、一九三〇年一〇月、八八頁）。教育現場を見て回る教育行政官が学校の空気を感じ取り、これが総督府官僚に進言されるほど深刻な状況だったことを物語っています。

異形の注入

右のような大きな矛盾は、修身の授業での詳しい解釈や内容の説明を極力避け、ただ服従の形式の実践だけを「教育」する方法への傾倒を招きました。日本内地で実践されていた教育勅語を用いた厳粛な学校儀式や「暗写」（何も見ないで教育勅語を書くこと）などの教育方法は、意味内容の解釈や精密な理解を断念せざるを得ない状態のまま、教師たちを通じて植民地の学校に移出されました。

しかし他方で、植民地の初等学校の大部分に「御真影」は交付されなかった結果、日本内地とは異なるさまざまな形式が用いられました。例えば、校内には奉安殿や奉安庫のほかに「校内神社」や伊勢神宮のおふだ（神宮大麻）を祀《まつ》るための祠《ほこら》を設けました。あるいは、講堂の「御真影」を掲げるはずの場所に神棚を設けたり、神社が近くにある場合には、とても頻繁な神社参拝を行わせました。神社参拝は日本内地でも実施されましたが、植民地では基本的に神社を学校の近辺に作るところから児童生徒を動員し、時には学校の土地を寄付させる形で工事が始められました。

参拝は第二次世界大戦の戦勝、「武運長久」祈願とは限らず、まずは異民族に神社の存在を理解させる意味も持ちました。日本内地で一九三九年に「興亜奉公日」が開始されるよりも前から朝鮮では「愛国日」が設定されました。

義務教育でもない植民地の初等学校には、授業料納付規程もありました。入学年齢もばらばらで、一九四〇年代に至っても四年制、五年制が多く存在しました。「時勢及民度」なる主観的な名分に基づく差別的制度のもと、児童は「教育勅語ノ旨趣」を大前提に、「御真影」の代わりのさまざまな装置を通じて日本の皇室や天皇への崇敬をことあるごとに表明しなくてはなりませんでした。

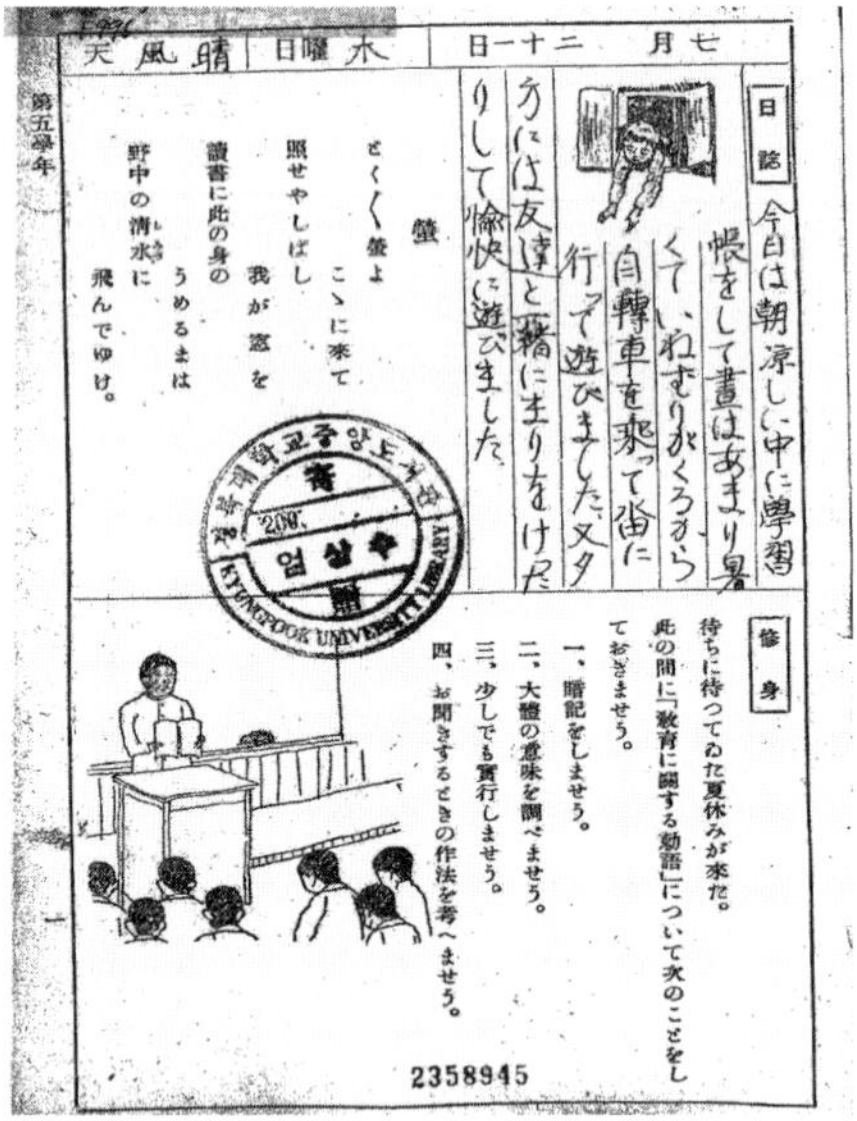

図　朝鮮の普通学校で配布された『夏季学習帳』(五年用)の第一日目のページ

上段は日誌です。「いねむりがくる」「自転車を乗って」など随所に児童の母語である朝鮮語表現の影響が感じられます．下段は早くも「修身」の課題で教育勅語が出題されています．イラストから，学校儀式だけでなく，教室の中でも先生が勅語を読み上げる間児童生徒が起立，「低頭」を期待されたことが想像されます．

(『普通学校夏季学習帳　五年』京城師範学校附属普通学校研究会，1927 年，韓国慶北大学校図書館蔵)

また、植民地の学校でも「不敬事件」は起こりましたが、その公表は極めて厳しく統制されていたと考えられます。そうした中でもわずかな新聞記事から、日本内地の「不敬事件」と違い、民族対立の構図が学校内の人間関係に複雑に絡んだことがわかります。

例えば一九三〇年、朝鮮の公立普通学校で教育勅語謄本が盗まれ、教員室の暖炉で焼却される事件が起きました。新聞記事では、前職と現職の「朝鮮人小使」が共同して行ったもので、日本人校長への「私怨」から行われたとされました。また一九三二年、別の公立普通学校でも、謄本が盗まれた後焼却された事件で現職の朝鮮人教員が逮捕され、懲役刑となりました。この事件は、日本人校長との関係に悩んだ末の報復とされました。いずれも事件の被疑者は「朝鮮人」の誰々、校長は「日本人」の誰々という形で報道されています。教職員対校長という対立は日本内地の事件と類似します。しかしそうした人間関係の抑圧・被抑圧の関係の土台にある構造的民族差別も同時に表れ出るのが、植民地の「不敬事件」の特徴です。

教育勅語の終焉

教育勅語は一九四八年の国会決議によって排除、失効確認がなされたことはよく指摘されます。しかし、留意が必要なことがあります。教育勅語が教えられた地域は現在の日本ばかりではない、すなわち国会決議が適用される地域ばかりではない点です。

敗戦後の日本では、日本国憲法と教育基本法の成立によって、教育勅語はそれらと併存できないものとなりました。けれども、一九四五年八月一五日に「解放」された人々から見る時、日本国憲法も教育基本法も国会決議も、自分たちとは関係のないものなのです。その頃台湾は二・二八事件とその後の粛清、朝鮮は南北の分断統治から戦争という、あまりにも大きく長期にわたる悲惨な歴史に直面していました。

それでは旧植民地の教育勅語謄本は、どうなったのでしょうか。朝鮮のある学校の『学校沿革誌』には、教育勅語謄本の「奉護規程」の頁に、少し行をあけて、「焼却処分함《ス》」と簡便に鉛筆で記されています。謄本の焼却処分は、必然的に儀式の終焉も意味します。教育勅語とは、旧植民地の人々から見てみれば、新法や決議などによらず当然のように廃棄するものだったと言えます。ただしこれは謄本と儀式の終わり方の話です。支配された人々の心の中に暗記されたままの勅語についても掘り下げ、かえりみる必要があります。

3　日本人と教育勅語を考える手がかり

民族的な優越感の根拠

ここで少し視点を変え、第一次世界大戦後に作られた国際連盟に最初から参加するなど、一種の「国際化」(帝国主義)時代を迎えていた日本にとっての教育勅語の歴史的な意味を考えてみます。朝鮮と台湾で教育行政制度の設計にあたった人物が持っていた内部文書に、次のような文章があります。

世界の民族中に於いて日本民族の如き強固なる団結をなせるものは他に其の類なかるべく従

って其の教育勅語を中心として特殊の忠君愛国的教育を施し得ることも亦世界に無比なるべし。（略）教育勅語を中心として之に世界的人道―博愛の徳を大いに加味して日本民族をして世界の舞台に於いて活動せしむるの素地を養成せん（略）

ここでは、「日本民族」はほかの民族よりすぐれて「団結」していて、その「日本民族」だけに可能となる教育勅語の教育が「世界の舞台」で活動する素地となると述べられています（原文は旧漢字・旧仮名遣い。「教化意見書」、『日本植民地教育政策史料集成（朝鮮篇）』第六九巻所収）。これを、一部の傲慢な官僚の偏見とみなして片づけることはできません。

一九二三年九月の関東大震災で、朝鮮人や、朝鮮人に間違われた中国人、障碍者などが「朝鮮人暴動」のデマ（流言飛語）の中で殺害される事件が関東各地で続発しました。劇作家の千田是也氏が次のように朝鮮人と間違われた経験を記しています。

（略）棍棒だの木剣だの竹槍だの薪割だのをもった、これも日本人だか朝鮮人だか見わけのつきにくい連中が、「畜生、白状しろ」「ふてえ野郎だ、国籍を云え」「嘘をぬかすと、叩っ殺すぞ」と、私をこず《ママ》きまわすのである。「いえ日本人です。そのすぐ先に住んでいるイトウ・クニオです。この通り早稲田の学生です」と学生証を見せても一向ききいれない。そして、薪割りを私の頭の上に振りかざしながら「アイウエオ」をいってみろだの、「教育勅語」を暗誦しろだのという。（千田是也「我が家の人形芝居――ある役者の自伝のひとこま」、『テアトロ』二一二号、テアトロ社、一九六一年五月、二〇―二一頁)。

この証言は、流言の猛威のさなかで、朝鮮人かどうかを識別するために教育勅語が用いられたことを示しています。植民地から人々が本国に多く渡ってくるようになった時代、植民地支配機構の官僚に限らずさまざまな日本人に、教育勅語の存在が民族的な優越感(右の場合は、「殺害をされない」こと)の根拠として共有されていたのです。

「主体性」・「従属性」と教育

最後に、現代の学校教育に求められている「主体性」の側面から教育勅語を考えます。近年学習指導要領では「主体的な学び」が強調されてきました。現行の学習指導要領(小学校・中学校)でも、「第一章　総則」の冒頭に、「主体的に学習に取り組む態度」と、道徳での「主体的な判断」というキーフレーズが登場します。

それでは、求められている「主体」とは、いったいどのような「主体」なのでしょうか。今から百年以上前の一九〇九年、当時の文部省は同時代の一流の学者たちを集め、教育勅語の漢文、英語、フランス語、ドイツ語の翻訳を定めました。最後に、この「官定」翻訳(「官定」とは特定の著者の名を出さず「国が定めた」という意味です)を手がかりに、求められる「主体」について考えます。次の文は官定英訳の第一段落の冒頭と最後の部分です。

Know ye, Our subjects;
Our Imperial Ancestors have founded Our Empire on a basis broad and everlasting and have deeply and firmly implanted virtue;
（朕惟フニ我カ皇祖皇宗國ヲ肇ムルコト宏遠ニ徳ヲ樹ツルコト深厚ナリ）

should emergency arise, offer yourselves courageously to the State; and thus guard and maintain the prosperity of Our Imperial Throne coeval with heaven and earth.
（一旦緩急アレハ義勇公ニ奉シ以テ天壌無窮ノ皇運ヲ扶翼スヘシ）
（文部省『漢英佛獨教育勅語訳纂』一九〇九年、『教育勅語煥発関係資料集』国民精神文化研究所、第三巻、一九三九年所収）

冒頭の「朕惟フニ」はKnow ye, Our subjectsとされます。Know yeという表現は、かつてイギリスの王が臣下に呼びかけた章句と同じ表現です。Ourは、「私たちの」という意味ではなく、君主だけが一人称「私の」として使用できる（その場合は文中でも大文字で書く）ものです。君主が臣下へ呼びかけるこの句は、教育勅語の冒頭「朕惟フニ」の雰囲気を的確に表しています。subjectという単語は本来、「主体・主語」という意味と「臣下（従属するもの）」という意味を同時に持ちます。この皮肉な両義性は、かつて哲学者のミシェル・フーコーが鋭く提起した問題です。しかし官定英訳版教育勅語に複数回登場するsubjectsはいずれも「君主の」に続くものですから「主体」の余地はなく、純粋に「臣下(従属するもの)」という意味で使用されています。教育勅語の意味するところがどういうものであるのかということを、国が定めたこの翻訳は象徴的に示しています。現代において、教育勅語の「価値」を褒めたたえ、学校教育への導入を図ろうとする人々の期待は、「主体」の「臣下(従属するもの)」化にあると考えられます。

さらに、「一旦緩急アレハ義勇公ニ奉シ」の部分は、should emergency arise, offer yourselves courageously to the State と訳されています。ここで注目したいのは「奉シ」の部分に offer の語が充てられたことです。offer は、現代の中学校などでは「提供する」という意味を学習するのが一般的ですが、「(神などへの)お供えをする」「(いけにえなどの犠牲を)捧げる」など、宗教的な場面で利用される言葉でもあります。官定英訳から日本語に戻してみれば、「国家に対して勇敢に自らをお供えし(以テ天壌無窮ノ……)」となります。こうして、教育勅語の本質がいっそうわかりやすく見えてきます。

おわりに

本章のはじめに、植民地の法令では「教育ニ関スル勅語ノ旨趣」が道徳(修身)科だけにとどまらず、教育全体が基礎とすべき大前提として定められたことを説明しました。

先ごろ、教育勅語の朗読を「問題のない行為」とする国会答弁がありました(二〇一七年四月七日、衆議院内閣委員会における義家弘介文部科学副大臣答弁)。この答弁が朝会という教科外の時間の用い方にも踏み込んだことにも注目しなくてはなりません。これは、清掃の時間や夏休みなども含む教育活動の全体が教育勅語に侵食されかねないことを意味します。かつて植民地法令が定めたように、学校生活の全体が「勅語ノ旨趣ニ基キ忠良ナル国民ヲ育成スルコト」の実践に近づいてしまうものです。学習指導要領で定められる「主体」という言葉の内実を、現実的にはすべて「臣下(従属するもの)」・「忠良ナル国民」に置き換えようとする作業であるとも考えられます。

前節で見たように、教育勅語の英語やドイツ語、フランス語訳は国の定めたものがあります。さらにインターネットがこれほど発達した現代、日本語のわからない海外の人々もこの文章を容易に日にすることができます。日本人はこれに価値を認めるだけでなく、学校で利用しようとしていると、外国の人々に思われる事態を想像してみましょう。日本人に対する外国人の印象は、どのようなものになるでしょうか。

さらに今日では、外国出身の保護者や児童生徒も珍しくはありません。例えば、二〇一五年度、外国籍の未成年は二八万人以上です。加えて、日本国籍で外国にルーツを持つ未成年は四二万人以上と推定されています(荒牧重人ほか編『外国人の子ども白書――権利・貧困・教育・文化・国籍と共生の視点から』、明石書店、二〇一七年、二二頁、二三頁)。「祖先」の異なる人々がともに学びあうことが「常識」になる時代が来ています。

学校に教育勅語の暗唱などを導入すれば、千田是也氏が関東大震災直後の東京で経験したように、極限の場面で「「教育勅語」を暗誦しろだのという」排外主義、民族差別意識を育てることに繋がるおそれも出てくることでしょう。また、「忠良ナル国民ヲ育成スルコト」を教育全体の大義とし、服従の形を注入することにもなりかねないのです。

参考文献

千田是也「我が家の人形芝居――ある役者の自伝のひとこま」、『テアトロ』二一二号、テアトロ社、一九六一年五月
初瀬龍平「日本にとって植民地とは何であったか」、『決定版昭和史　別巻一　日本植民地史』毎日新聞社、一九八五年
渡部学・阿部洋編『日本植民地教育政策史料集成(朝鮮篇)』第六九巻、龍渓書舎、一九九一年
駒込武『植民地帝国日本の文化統合』岩波書店、一九九六年
平田諭治『教育勅語国際関係史の研究――官定翻訳教育勅語を中心として』風間書房、一九九七年
M・フーコー『哲学の舞台』朝日出版社、増補改訂版、二〇〇七年
樋浦郷子『神社・学校・植民地――逆機能する朝鮮支配』京都大学学術出版会、二〇一三年
山本和行「植民地台湾への教育勅語の「導入」と「受容」――学校儀式に着目して」、『中国文化研究』第三〇号、天理大学中国文化研究会、二〇一四年
樋浦郷子「植民地期朝鮮の中等教育機関における天皇崇敬教育――「御真影」・奉安殿・誓詞」、『教育史フォーラム』第一〇号、教育史フォーラム・京都、二〇一五年
荒牧重人ほか編『外国人の子ども白書――権利・貧困・教育・文化・国籍と共生の視点から』明石書店、二〇一七年

コラム３　植民地の「御真影」

本書のまえがきでも説明されているように、教育勅語は「御真影」とセットで語られることが多くあります。これらは「奉安殿」とともに、天皇や皇室に対する恭しい態度を養成するために、当時の日本の学校にとって重要な装置でした。

しかし植民地では様相が異なります。台湾の公学校や朝鮮の普通学校、つまり初等教育機関の大部分に、「御真影」は交付されませんでした。台湾では一九二八年(「割譲」から三三年後)の二校を皮切りに、都市部の公学校への交付が始まりました。朝鮮では、日中戦争が本格化した一九三七年(「併合」から二六年後)になってごく一部の普通学校に交付されました。台湾人、朝鮮人の通う初等教育機関の大部分は、「御真影」が存在しないまま「解放」を迎えました。朝鮮の普通学校規程では、小学校令施行規則(まえがき五頁参照)にある「御影ニ対シ奉リ最敬礼」という儀式手順の条文さえ一九三八年まで存在しませんでした。これは、当初から「御真影」の交付を想定しなかったことを表しています。

理由として、文字で書かれ印刷された勅語謄本よりも、人間としての生身の姿を写した写真は、支配を受けた人々からいっそう反発を買うものと支配者がみなし、恐れたためと考えられます。写真が汚れたり盗まれたりする「不敬」の状態になると、校長は地位を失うことになるだけでなく、地域に潜在している民族対立や「抗日」の感情を可視化させてしまいます。それを避けるには、多くの教員が交代しながら宿直当番を遂行できるなど、とくに日本人教員が多い都市部の大規模な学校でなければなりませんでした。また、屋外に「奉安殿」を設ける場合には、日本内地では校門近くの場合が多かったのに対し、植民地では校門から遠く、校長舎宅の前など、「非常変災」に即応できる場所に設置された事例が多くみられます。

植民地の初等教育では、教育勅語を押し付けるという抑圧と、義務教育の実施を先送りする、「御真影」の交付対象とはみなさないなどの差別とが同時に進行したのです。

あとがき

米田俊彦

最後に、敗戦以降の「教育勅語」がどういう経過をたどったか、簡単に述べておきます。

アメリカを中心とする占領軍による民主化政策のもとで、文部省は「国体護持」(神の子孫である天皇による恒久的な統治)にこだわり続けます。しかもアメリカが天皇の権威を利用して占領政策を円滑に進めようとしたために、教育勅語の処置がはっきりと定まらない状態が続きました。一九四五年一二月一五日のいわゆる神道指令によって国家神道が廃止されても教育勅語は排除されませんでしたが、占領軍にも神道によって天皇制国家への忠義を求める教育勅語の教説を許容し続けることへの懸念は存在しており、同志社大学教授有賀鉄太郎に依頼して戦後版の教育勅語が準備されていました。御真影の方は、四五年一一月に宮内省が天皇服制の改正を理由に写真回収を決め、一二月に文部省が学校に回収を指示、集められて焼却されました。

一九四六年三月に対日アメリカ教育使節団が来日しました。その報告書の中で、儀式における奉読の禁止が勧告されていました。四六年八月に設置された教育刷新委員会で教育基本法の立案に向けた審議が始まり、そこで教育勅語の存在が問題になりました。アメリカ政府が勅語使用禁止の方針を採用したため、一〇月になって文部省は勅語の奉読と神格化を禁じる通知を出し、国民学校令施行規則中の学校儀式の規定を廃止しました。さらに、一一月に公布(翌四七年五月に施行)された日本国憲法第九八条に「この憲法は、国の最高法規であつて、その条規に反する法律、命令、詔勅及び国務に関するその他の行為の全部又は一部は、その効力を有しない」との定めがありますが、これによってもただちに教育勅語が排除されることはなく、勅語は宙に浮いた形で学校に残されていました。「皇国ノ道」を含んだ各学校令は一九四七年三月公布の学校教育法の附則によってようやく廃止されました。各学校の規則（文部省令）も五月の学校教育法施行規則の附則で廃止されました。

一九四八年になってＧＨＱの民生局（ＧＳ）の要求を受け、衆議院と参議院でそれぞれに案文が検討、作成され、六月一九日に両院で決議が採択されました。どちらの決議においても、教育勅語等が憲法・教育基本法に照らしてすでに効力を失っているにもかかわらず、なお効力が持続していると誤解する者がいるので、完全に謄本を回収することを求めています。この決議を受けて六月二五日、文部省は都道府県知事に対して回収を指示し、回収された勅語謄本は焼却されました。

アメリカが天皇の権威を利用して占領政策を円滑に遂行しようとしたために、また政府・文部省関係者が「国体護持」と同様に教育勅語にこだわったこともあり、完全な排除は敗戦から三年近い歳月がかかってしまいました。しかし、衆参両院それぞれで文案を練って審議を尽くしたうえでの決議ですので、国民の総意の表明として重く受け止めるべきです。戦争相手国、植民地、占領地、戦場となった国々の人々に多大な被害をもたらした侵略戦争の大きな原因の一つが、自分を犠牲にしてでも「皇運扶翼」のために尽くすという教育勅語の精神が日本人全体に行き渡っていたこと、そして日本人が、侵略や残虐な行為を繰り返してもそれを「道義」の実現としか考えられなかったことであったと認め、そのことに対する痛切な反省の証《あかし》として、教育勅語を、国会決議をもって公的な世界から排除したのです。

第一章では、教育勅語のテキストそのものの問題が、第二・三章では教育勅語の国内と植民地とにおける使われ方の問題が論じられました。具体的な事実を通じて、教育勅語がいかに教育を歪めたか、また人権や人命にかかわる価値観をいかに転倒させ、植民地の人々に対する優越感と差別意識をいかに増長させたかが明らかになったと思います。

教育勅語は問題でも、「兄弟ニ友ニ夫婦相和シ朋友相信シ」といった徳目の一部は今でも活用できるという考え方が一部の人から表明されることがあります。しかし、教育勅語の一節を使う以上は教育勅語がどういうものであるかを説明する必要があります。第一章で明らかにしたように、神が与えた道徳的秩序が「国体」の核心であり、その究極の姿が臣民の「皇運扶翼」です。教育勅語というテキストを正確に理解すれば、その一部といえども現代の学校教育で使えないものであることは明らかです。

また、教育勅語(や御真影)を自身の命に代えても守らなければならない、教え子以上に大事なものとして守らなければならないという転倒した価値観を日本社会が共有した事実、さらには日本人が優越した民族であり、他の民族を支配することを当然とする意識をもった根拠が教育勅語であったという事実が第二・三章で明らかにされています。一九四八年の国会決議は、これらの転倒した価値観、優越感、差別意識を有したことを日本人全体として深く反省することの宣言でした。

憲法や教育基本法は、時代の状況に応じて変えることが可能です（実際に教育基本法は二〇〇六年に改正されました）。しかし、戦後の時点で憲法や教育基本法が否定した判断を変更することはできません。変更したら歴史の修正になってしまいます。教育史学会は教育にかかわる歴史研究を担う者として、歴史の修正を黙認することはできません。ここで改めて、国会決議の意義と決議をするに至った歴史的経緯の重みを共有したいと考えます。

参考文献(本書全体にかかわるもの)

稲田正次『教育勅語成立過程の研究』講談社、一九六一年
海後宗臣『教育勅語成立史の研究』一九六五年(『海後宗臣著作集　第十巻　教育勅語成立史研究』東京書籍、一九八一年に再録)
佐藤秀夫編『続・現代史資料8　教育　御真影と教育勅語1』みすず書房、一九九四年
佐藤秀夫編『続・現代史資料9　教育　御真影と教育勅語2』みすず書房、一九九五年
佐藤秀夫編『続・現代史資料10　教育　御真影と教育勅語3』みすず書房、一九九六年
高橋陽一「「皇国ノ道」概念の機能と矛盾」、『日本教育史研究』第一六号、一九九七年
鈴木英一・平原春好『資料　教育基本法50年史』勁草書房、一九九八年
梅溪昇『教育勅語成立史——天皇制国家観の成立(下)』青史出版、二〇〇〇年
岩本努『教育勅語の研究』民衆社、二〇〇一年
森川輝紀『国民道徳論の道——「伝統」と「近代化」の相克』三元社、二〇〇三年
小股憲明『近代日本の国民像と天皇像』大阪公立大学共同出版会、二〇〇五年
森川輝紀『増補版　教育勅語への道——教育の政治史』三元社、二〇一一年
小野雅章『御真影と学校——「奉護」の変容』東京大学出版会、二〇一四年
榑松かほる他『戦時下のキリスト教主義学校』教文館、二〇一七年

資料1　教育勅語に関する戦後の国会決議

教育勅語等排除に関する決議

（一九四八年六月一九日　衆議院本会議）

民主平和国家として世界史的建設途上にあるわが国の現実は、その精神内容において未だ決定的な民主化を確認するを得ないのは遺憾である。これが徹底に最も緊要なことは教育基本法に則り、教育の革新と振興とをはかることにある。しかるに既に過去の文書となつている教育勅語並びに陸海軍軍人に賜りたる勅諭その他の教育に関する諸詔勅が、今日もなお国民道徳の指導原理としての性格を持続しているかの如く誤解されるのは、従来の行政上の措置が不十分であつたがためである。

思うに、これらの詔勅の根本理念が主権在君並びに神話的国体観に基いている事実は、明かに基本的人権を損い、且つ国際信義に対して疑点を残すもととなる。よつて憲法第九十八条の本旨に従い、ここに衆議院は院議を以て、これらの詔勅を排除し、その指導原理的性格を認めないことを宣言する。政府は直ちにこれらの詔勅の謄本を回収し、排除の措置を完了すべきである。

右決議する。

教育勅語等の失効確認に関する決議

（一九四八年六月一九日　参議院本会議）

われらは、さきに日本国憲法の人類普遍の原理に則り、教育基本法を制定して、わが国家及びわが民族を中心とする教育の誤りを徹底的に払拭し、真理と平和とを希求する人間を育成する民主主義的教育理念をおごそかに宣明した。その結果として、教育勅語は、軍人に賜りたる勅諭、戊申詔書、青少年学徒に賜りたる勅語その他の諸詔勅とともに、既に廃止せられその効力を失つている。

しかし教育勅語等が、あるいは従来の如き効力を今日なお保有するかの疑いを懐く者あるをおもんばかり、われらはとくに、それらが既に効力を失つている事実を明確にするとともに、政府をして教育勅語その他の諸詔勅の謄本をもれなく回収せしめる。

われらはここに、教育の真の権威の確立と国民道徳の振興のために、全国民が一致して教育基本法の明示する新教育理念の普及徹底に努力を致すべきことを期する。

右決議する。

資料2　「教育ニ関スル勅語」(教育勅語)の教材使用に関する声明

政府は、二〇一七年三月三一日の閣議決定による答弁書において、憲法・教育基本法に「反しないような形で教育に関する勅語を教材として用いることまでは否定されることではない」、さらに四月一四日と一八日の答弁書において教育勅語の「教育現場における使用」について、「国民主権等の憲法の基本理念や教育基本法の定める教育の目的等に反しないような適切な配慮がなされているか等の様々な事情を総合的に考慮して判断されるべきものである」との見解を表明した。このことにより、一八九〇(明治二三)年一〇月三〇日に明治天皇の名をもって出された「教育ニ関スル勅語」(教育勅語)の暗唱やそこに記される徳目の教材活用が学校で行われるようになるのではないかとの懸念が高まっている。

教育史学会では、多くの会員が教育勅語の内容、儀式及び社会的影響等を長年にわたって研究し、その成果を蓄積してきた。上記の状況に対し、学術研究の成果の要点を明確に提供する責務から、この声明を発するものである。

「父母ニ孝」など教育勅語中の一部の文言を道徳教育に活用することは認められるとの見解が内閣官房長官や閣僚からも提起されているが、教育勅語に記述された徳目が一体性を有して「天壌無窮ノ皇運ヲ扶翼スヘシ」に収斂することは、その文面を読めば明らかである。また、公式的な性格の強い解釈書である井上哲次郎『勅語衍義』(一八九一年)、国定(文部省著作)の小学校(国民学校)修身科教科書、文部省図書局『聖訓ノ述義ニ関スル協議会報告』(一九四〇年)などにおいて、個々の徳目を切り離さずに皇運扶翼を眼目として解釈することが正しい解釈として示されている。教育勅語を歴史的資料として用いることは、歴史の事実を批判的に認識する限りにおいて必要であるが、児童生徒に教育勅語を暗唱させたり、道徳の教材として使用したりすることは、主権在民を理念とする日本国憲法や教育基本法に反する。そのことは、以下の事実からも明らかである。

第一に、教育勅語が戦前日本の教育を天皇による国民(臣民)支配の主たる手段とされた事実である。

教育勅語は、明治維新後に、天皇を中心とする道徳教育と翻訳教科書による近代西洋流の道徳教育が併存するなか、一八七九年の政府内の「教学聖旨論争」、一八八七年以後の「徳育論争」、一八九〇年の地方長官会議の建議などを契機として、井上毅と元田永孚によって起草された文書であった。このため、徳目には中国儒教起源のものと西洋近代思想起源のものが混在している。しかしその目的は、一八八九年公布の大日本帝国憲法施行にあたっての「告文」で「皇祖皇宗ノ遺訓ヲ明徴ニシ典憲ヲ成立シ」と記したことを前提とし、主権者たる天皇から臣民へ教育勅語という形式を通じて「遺訓」の内容を説明することにあった。

教育勅語は、「朕」と自称する明治天皇が「臣民」に道徳の規準を下す形をとっていること自体が、今日の主権在民の日本国憲法と相容れないものである。その内容では、徳目の起源を天皇の神話上の祖先である「皇祖皇宗」の道徳に措定し、「臣民」の祖先も「億兆心ヲ一ニシテ」守ってきたとしており、将来も「子孫臣民」が守っていく、「徳ヲ一ニシテ」いくと宣言しており、過去と現在と未来にわたる天皇と国民の道徳的な一体性を強調している。教育勅語は、この道徳的な一体性という仮想を「国体」という言葉で表現し、そこに教育の淵源を求めた。そしてこの一体的な構造の中に、中国儒教起源の「忠」と「孝」を位置づけて、さらに西洋近代思想起源の「博愛」などに至る多くの徳目を列記し、これらの徳目を、天照大神が天皇の祖先に下したと『日本書紀』に記されている「天壌無窮の神勅」を前提にして、「以テ天壌無窮ノ皇運ヲ扶翼スヘシ」という文言で集約している。

文部省は、この皇運扶翼に集約された道徳をあらわす「斯ノ道」を「皇国ノ道」という言葉に置き換えて一九四一年の国民学校令をはじめ各学校の教育目的として明示し、さらに「皇国民錬成」という理念と結びつけることによって教育勅語の「皇運扶翼」の趣旨を徹底した。教育勅語がこのようにして学校教育をまるごと戦時動員体制に組み込んでいく手立てとなったことは、忘れてはならない事実である。

第二に、学校現場での教育勅語の取り扱われ方に関する事実である。教育勅語は、単に道徳にかかわるテキストであったに止まらず、教育勅語謄本というモノ(道具)が神聖化されることにより、学校現場に不合理や悲劇をもたらした。

教育勅語は、一八九一年の小学校教則大綱で、「修身ハ教育ニ関スル勅語ノ旨趣ニ基キ児童ノ良心ヲ啓培シテ其徳性ヲ涵養シ人道実践ノ方法ヲ授クルヲ以テ要旨トス」(第二条)と規定されて以降、国民学校に至るまで、修身科教育の基本方針とされ、修身科教科書のさまざまな教材を通じての学習に加え、勅語の「奉読」、筆写・暗唱暗写などにより、その趣旨徹底が図られた。

教育勅語は、発布と同時に謄本が全国の学校に一律に下付され、天皇制国家の臣民教育において大きな役割を果たした。とりわけ教育勅語の理念普及に果たした学校儀式の役割を見逃すことはできない。一九〇〇年小学校令施行規則により定型化された、戦前の三大節(紀元節・天長節・一月一日、一九二七年より明治節が加えられて四大節)学校儀式は、教育勅語「奉読」に、御真影(天皇・皇后の写真)への「拝礼」、「君が代」斉唱、教育勅語の趣旨に関する校長訓話、式歌斉唱を加え、全国で一律に挙行された。この儀式内容は、入学式・卒業式など他の学校儀式の式目にも影響を与え、教育勅語「奉読」と「君が代」斉唱は、入学式・卒業式などでの必須の式目になった。

御真影と教育勅語謄本は、一八九一年文部省訓令「両陛下ノ御影及勅語謄本奉置ノ件」により、「校内一定ノ場所ヲ撰ヒ最モ尊重」に「奉護」することが求められた。その結果、火災・震災時には、これらのモノ(御真影・教育勅語謄本)を火災焼失から免れさせるため「殉職」する教職員が後を絶たなかった。さらに確実な「奉護」のため、一九二〇年代頃より、校舎外に奉安殿と称する保管庫を設置させる措置を推進し、児童生徒に対して登下校時に奉安殿に向かって最敬礼させることが日常化した。一九四三年の「学校防空指針」は、防空に際して、最優先事項は、御真影・教育勅語など詔勅の謄本の「奉護」であり、児童生徒の保護はその次と定め、「疎開」も御真影・教育勅語が児童よりも先に実施された。

このように、各学校に一律下付された教育勅語は、①修身科教育、②学校儀式、そして③日常の「奉護」という学校生活の全体で、「国体」の理解徹底の道具立てとなった。道徳にかかわる批判的な思考の深まりは軽んぜられ、条件反射のように教育勅語を暗唱するという次元で道徳内容の身体化に寄与した。この点で、教育勅語は道徳教育の充実というよりも、その形骸化と人命軽視をもたらしたというべきである。

第三に、教育勅語が民族的優越感の「根拠」とされるとともに、異民族支配の道具としても用いられた事実である。

台湾総督府の初代学務部長伊沢修二が教育勅語を教化の手段として利用しようとしたことを手始めとして、朝鮮総督府は朝鮮教育令(一九一一年)において教育は教育勅語の趣旨に基づいておこなうと定め、台湾総督府も台湾教育令(一九一九年)において同様の規定を設けた。こうした措置は、天皇のもとで独自の「国体」を築いてきた日本人は、その独自な「国体」ゆえに道徳的にも優れているのだという教義を異民族に対しても無理矢理に承服させようとするものであった。教育勅語の文面は、「之ヲ中外ニ施シテ悖ラズ」というように普遍的な道徳律であることを標榜しているものの、他方で「爾祖先ノ遺風ヲ顕彰スルニ足ラン」というように血縁集団のロジックを刻み込んでいる。そのために、実際のところとても「中外」(国の内外)に広く受け入れられるようなものではなかった。当時の為政者もそのことを認めざるを得なかったために一九一〇年代前半には台湾向けの教育勅語を極秘裏に起草する試みがおこなわれ、また、朝鮮で三・一独立運動が生じた際には教育勅語の解釈のオーソドキシーを担っていた哲学・倫理学者井上哲次郎が、「爾祖先」云々という教育勅語の文言は朝鮮人の怒りを募らせるとして、朝鮮向けの教育勅語を別に起草すべきという論を展開した。いずれも、教育勅語の権威をおとしめてしまう懸念から実現にはいたらなかったものの、こうした事実は、教育勅語が普遍性からはほど遠く、自民族中心主義、排他主義をその本質的な要素として組み込んでいることを示している。

一九四八年六月一九日、衆議院は「これらの詔勅を排除し、その指導原理的性格を認めないことを宣言する。政府は直ちにこれらの謄本を回収し、排除の措置を完了すべきである」、参議院は「教育勅語等が、あるいは従来の如き効力を今日なお保有するかの疑いを懐く者あるをおもんばかり、われらはとくに、それらが既に効力を失つている事実を明確にするとともに、政府をして教育勅語その他の諸詔勅の謄本をもれなく回収せしめる」ことを決議した。この決議に従って同月二五日、文部次官が都道府県知事・高等教育機関の学校長宛に「本省から交付した「教育ニ関スル勅語」等の謄本で貴管下学校等において保管中のものを貴職において取りまとめのうえ〔中略〕至急本省へ返還方処置されたい」と指示した。教育勅語謄本は焼却処分され、公的には存在しないことになったはずである。

政府は、今年四月一八日、教育勅語の使い方について、憲法や教育基本法に反するかどうかという判断を、教育委員会や学校の設置者に委ねるとする見解を答弁書において表明したが、教育委員会や学校の設置者がそれぞれに「判断」するまでもなく、憲法、教育基本法および国会決議に反することは上記の経緯の内に明らかである。

以上のことにより、教育史学会理事会は学術研究を担う者としての立場から、歴史的資料として批判的に取り扱うこと以外の目的で教育勅語を学校教育で使用することについて、教育史研究が明らかにしてきた戦前日本の教育の制度や実際にかかわる諸事実に照らして許されるべきではないとの見解をここに表明するものである。

二〇一七年五月八日

教育史学会理事会

〈**編者**〉

教育史学会
1956 年創立．会員数約 850 名．日本教育史，東洋教育史，西洋教育史の三部門に分かれ，日本における教育史学研究者の緊密な連携を図っている．代表理事は米田俊彦．
http://kyouikushigakkai.jp

〈**執筆者**〉

米田俊彦(よねだ・としひこ)：まえがき，あとがき
お茶の水女子大学基幹研究院人間科学系(教育科学担当)教授．教育史学会代表理事．専攻は日本の教育制度・政策史．主著に『現代教育史事典』(共編著，東京書籍，2001 年)，『近代日本教育関係法令体系』(港の人，2009 年)がある．

高橋陽一(たかはし・よういち)：第一章
武蔵野美術大学造形学部教授．専攻は日本教育史(宗教教育・国学)．主著に『共通教化と教育勅語』(東京大学出版会，2019 年)，『くわしすぎる教育勅語』(太郎次郎社エディタス，2019 年)がある．

小股憲明(おまた・のりあき)：第二章
大阪府立大学名誉教授．近代日本教育史．主著に『近代日本の国民像と天皇像』(大阪公立大学共同出版会，2005 年)，『明治期における不敬事件の研究』(思文閣出版，2010 年)がある．

樋浦郷子(ひうら・さとこ)：第三章
大学共同利用機関法人人間文化研究機構国立歴史民俗博物館研究部准教授．専攻は教育史．著書に『神社・学校・植民地――逆機能する朝鮮支配』(京都大学学術出版会，2013 年)がある．

教育勅語の何が問題か　　岩波ブックレット 974

2017 年 10 月 5 日　第 1 刷発行
2024 年 4 月 5 日　第 4 刷発行

編　者　教育《きょういく》史《し》学会《がっかい》

発行者　坂本政謙

発行所　株式会社 岩波書店
〒101-8002 東京都千代田区一ツ橋 2-5-5
電話案内 03-5210-4000　営業部 03-5210-4111
https://www.iwanami.co.jp/booklet/

印刷・製本　法令印刷　装丁　副田高行　表紙イラスト　藤原ヒロコ

ISBN 978-4-00-270974-1　　Printed in Japan